知ろう 語ろう 発達のこと

松島明日香・藤野友紀・竹脇真悟

全障研出版部

はじめに

障害のある人たちとの関わりのなかでは、「どうしてこんな行動をとるのだろう?」「どのように対応していけばよいのだろう?」といった「ハテナ」にたくさん遭遇します。そんな「ハテナ」に向き合うためには発達的視点をもつことが大事だと言われてきました。

そもそも発達的視点をもつとはどういうことなのでしょうか。

障害のある人のどういう姿を見つめることが発達をとらえているということになるのでしょうか。

シリーズ本第一弾となる本書は、発達について初めて学ぼうとしている方たち、発達的視点というものが正直いまいちよくわからないと感じている方たちが、あらためて発達についての基本的な考え方を知り、障害のある人たちのねがいや思いについて同僚や家族、仲間どうしで語りあう一助になればという思いでつくられました。

第1章では「発達の基本的な考え方」について、第2章では「発達と実践の関係」について、第3章では「発達と障害（問題行動の理解）」について解説しています。

障害のある人たち一人ひとりの思いを発達的に読み解きながら、「こんな関わりができるんじゃないかな」「自分が取り組んできた実践はこの人のこういう思いに寄り添っていたんだ」と再発見できる一冊になることを願っています。

さあ、私たちと一緒に障害のある人たちの発達理解への第一歩を踏み出しましょう。

全国障害者問題研究会　研究推進委員　松島明日香

発達とは

松島明日香

1　どのように発達をとらえるか

(1) 潜在する発達へのねがい

発達の英語訳である development の語源には、de（反対語）+ envelop（外被などで包む、覆う）から、「包み込まれていたものが表に現れる」という意味があるといわれています。[1] つまり発達とは、ないものがそこに突如として現れることではなく、内に潜在する可能性が徐々に顕在化していく状態を意味しているのです。

内に潜在する可能性とはどういったものなのでしょうか。それは、子どもが外界を通して潜在的につくりだす「こんなことしたいな」、「あんなふうになりたいな」といった発達的な要求です。全障研ではこれを「発達へのねがい」として大切にしてきました。子どもは発達の過程

1　田中昌人『人間発達の理論』青木書店、１９８７年。

でこのねがいを内に潜めた姿を次々と見せてくれます。

例えば、保育園での「トイレのスリッパを揃える行動」を例にあげて考えてみましょう。2歳児クラスになると、子どもたちはスリッパを揃えてくれるようになります。それが3歳児クラスになると、どういうわけか、多くの子どもたちがスリッパを揃えなくなります。そして4歳児クラスになると、子どもたちは再びスリッパを揃えてくれるようになります。一見すると、2歳児クラスと4歳児クラスに比べて3歳児クラスの子どもたちの姿は「できなくなった」という現象に過ぎないように思えます。しかし、この姿の背景には次のような子どもたちのねがいが潜んでいるのです。2歳頃になると子どもたちのなかに「他者への志向性」が芽生えてきます。そのため「スリッパを揃えている友だちと同じことをしたい！」「スリッパを揃えて先生にほめてもらいたい！」というねがいでスリッパを揃えてくれるようになります。その「他者への志向性」は3歳頃になるとより強く友だちに向けられ、「（スリッパを揃えるよりも）早く友だちと遊びたい！」というねがいからスリッパを揃えることがおざなりになってしまうのです。そして、4歳頃になると友だちへの興味は友だちの内面にまで向けられるようになり、「次に履く友だちのために」というねがいをもってスリッパを再び揃えるようになりはじめるのです。

一面的には「できなくなった」ととらえられてしまう3歳児の行動の裏には、他者への志向性の広がりという発達の姿がありました。また、2歳児と4歳児の同じに見える行動の裏にも、他者への関心の深まりといった質的には異なる発達の姿があることがわかります。このように、目に見える行動の裏に潜む子どものねがいを想像することが発達をとらえる第一歩となるのです。なぜなら、発達は子どもたちの「こんなことしたい」、「あんなふうになりたい」といった主体的なねがいに導かれて獲得されていくものだからです。

(2) 自分で自分をつくりかえる営み

スリッパの例のように、私たちは時として表面的な行動に目を奪われ、「できたか、できなかったか」というこちら側の基準に子どもを当てはめて評価しようとしてしまうことがあります。それは、子どもに「適応」する姿を求め、できるようにさせようと働きかけを強めることにつながります。先述したように、発達は子どもが主体的につくりだした発達へのねがいに導かれて「獲得」されていくものであり、あくまで発達の主体は子ども自身だということを心に留めておく必要があります。

知的障害児施設滋賀県立近江学園の初代園長であった糸賀一雄は、おしめを毎日取り替えられている重度の青年が、ある時、一生懸命腰を持ち上げようとし、その力が電気のように手に伝わった保育士がハッとしたというエピソードを紹介しています。保育士は伝わってくるその響きに、毎日ただ寝ているだけだと思っていた青年の生命というものを感じたというのです。たとえ重度の障害があっても「こうありたい」というねがいをもって、自分を変革していこうとする姿があります。そして、その姿は保育士に重度の障害のある人の見かたを変えるきっかけをつくり、新しいものの見かた、人間に対するものの見かたの変革をもたらしたのです。このように発達とは自分で自分をつくりかえていこうとする営みであると同時に、外界をもつくりかえていく営みであるといえます。

2 発達の基本法則

(1) 横のつながりを通して把握する発達段階

かつて障害のある子どもは、「障害のない子どもに比べて劣っている」という劣弱性や違いにもとづいて類型的に把握されていました。それは、障害のある子どもは変わらない、発達しないという固定的で閉鎖的な障害観を生み出し、重度の障害のある子どもは「教育不能児」として「就学免除・猶予」の対象とされる事態まで招くことになりました。この発達観、障害観にパラダイム転換をもたらしたのが「すべての子どもたちは、障害の有無にかかわらず共通の発達のみちすじを歩む」という事実でした。この事実によって、障害のある子どもが「特異な存在」なのではなく、発達のみちすじのどこかでもつれている存在であるということ、発達が閉じられたものではなく、次の発達との連続線上において開かれたものであるということが社会に認識され、教育の重要性が世に提起されることにつながったのです。

人間は一生涯続くこの発達のみちすじにおいて、いくつもの発達段階と発達の質的転換期を経験します。先生の間で「2歳児さんっぽいよね」「4歳児さんらしくなってきたよね」と子どもたちの姿について話をすることがあるかと思います。このような会話は、何かしらの共通する「○歳児らしさ」のイメージが先生のなかにあるからこそ可能となります。この「○歳児らしさ」といった共通する性質や特徴をもったある時期区間のことを発達段階といいます。

では、この「らしさ」はどのように把握されるのでしょうか。その発達段階を構成する複数の機能間には一定のつながりがあることが見えてきます。「○歳児らしさ」を豊かにとらえるためには、この横のつながりを把握することが大切となります（これを「機能連関」と呼びます）。例えば、1歳半頃の発達をむかえた子どもについて「運動機能において長時間一人歩きができる、手指操作では積木を高く積める、言語面では聞かれたものをイメージして、正しくその絵を指させる」と機能ごとに語られても、その子の全体像はなかなか見えてきません。それよりも、各機能をつながりのなかでとらえ、「積木をもっと高く積みたいという本人なりの目的がしっかり出てきたことで、先生の〝公園行こう〟の声かけで目的をイメージすることができる。それによって、道草を楽しみながらでも目的に向かって、長時間歩いて向かう姿が見られるようになってきた」と語られるほうが、その子のリアルな姿が見えてきます。さらに、「このような時期において、こちらが飽きるくらい気に入った活動を繰り返すのは、目的を達成する喜びを感じたいからなのかもしれない」「それならば、その子なりの目的がつくりやすい関わりや達成するときの喜びをもっと感じてもらいたい」というように、子どもの行動の裏に潜む思いやねがいを考えるきっかけとなり、実践的な手立てを考えるヒントにもなっていきます。横のつながりのなかで子どもの事実を語ることが、その子どもの発達段階、いわゆる「らしさ」をとらえることになるのです。

（２）発達段階論が抱えるジレンマを克服する縦のつながり

発達段階論は共通する性質や特徴に着目するがゆえに同一発達段階内にいる個々人の多様性が捨象されてしまうのではないか、さらには、各発達段階の水準を示すだけで変化をとらえられないのではないかということで懐疑的に受け止められてしまうことがあります。もちろん、発達段階論を子どもたちにそのまま機械的にあてはめて理解しようとするのは誤りであると私も考えます。そのような理解は、かつての障害種別による類型把握にもとづく固定的、閉鎖的な障害観と変わらないものになってしまうでしょう。

障害のある人のなかには、障害のない人の何倍もの年月をかけて、その発達段階を越えていく人もいます。だからといって、その発達段階の中身は同じではありません。何年もの年月をかけて獲得していくことによる、その人なりの「値打ち」がそこにはあるのです。「発達段階によって、要求や揺れの中身は変化するのである。発達段階による共通した特徴を背景にもちながら、具体的な要求の内実は、その人がおかれている集団や生活、教育との関わりでつくられていくのである。（略）発達段階という共通性・普遍性をくぐるからこそ、彼らの生活年齢や生活経験の蓄積の意味を正しく評価することも可能になるのである」[2]と白石恵理子が述べているように、発達段階がもつ共通性・普遍性を正しくとらえると同時に、一人ひとりが歩んできた歴史が織りなす「その人らしさ」をしっかりとらえていくことが大切だと考えます。

２　白石恵理子「知的障害の理解における『可逆操作の高次化における階層―段階理論』の意義」『障害者問題研究』第37巻第2号、２００９年。

例えば、思春期・青年期にいる障害のある若者について、この時期特有の身体的、心理的変化を抜きにして発達を語ることはできません。思春期・青年期は第二次性徴をともなう急激な変化により心理的混乱を生じさせることがあると同時に、「今までの自分を壊し、新たな自分をつくっていく」大切な時期でもあります。当然、これまでとは発達段階の中身も変わり、対大人ではなく仲間という人間関係のなかで発達要求がつくられていくことが多くなります。作業学習や職業訓練で終わってしまう青年期ではなく、「青年らしく輝く」ことをめざした青年期教育の意義を考えていかなくてはなりません。

次に、各発達段階の水準を示すだけで変化をとらえられないのではないかという疑問についてですが、発達段階間の変化をとらえるためには、獲得した能力は今までのどういった能力を土台にして育まれてきたのか、さらには、これからどのような能力につながっていくのか、発達を縦のつながりでみていくことが重要となります（これを「発達連関」とよびます）。幼児期における主な交流手段となる話しことばは、4ヵ月頃にみられはじめる声をともなわない微笑みかけや、10ヵ月頃に見られはじめる相手を見ながら興味のあるものへの指さしなどを経て備わっていきます。このような見かたは発達のみちすじにおいて発達段階をぶつぎりにではなく連続的にとらえることを可能にするとともに、次の発達への見通しがもてるという点で実践的な手がかりを与えてくれるものにもなり得るのです。

3　極微のメガネをかけることで見えてくるもの

(1) 発達の質的転換期は「発達の危機」でもある

前の発達段階から次の発達段階に飛躍的に移行するところを「発達の質的転換期」といいます。発達の質的転換期を越えて新たな発達段階に移行する際、これまで外界の世界を取り込んできた枠組みが変わっていくことになります。それによって、外界の見かたや感じかたも一変するのです。

たとえば、世界で初めて発達診断と結びつけて知能検査を開発したフランスの心理学者ビネーは、音読について、7歳の子どもでは「見えるものを読む」のに対して10歳以上の子どもでは「見えたものを読む」として、文字の読み取りかたに質的な違いがあることを指摘しています。[3]「見えるものを読む」7歳の子どもは、目に入る文字を一字ずつ発音していくため音節的な読みかたをします（いわゆる、粒読み）。それに対して「見えたものを読む」10歳以上の子どもは、2、3文字先を目でとらえた上で発音するため、まとまりをもった流暢な読みかたをするようになるのです。私たちもここに書かれているように、見えたものを発音しています。試しに、この本の一部分を声に出して読んでみてもらえれば、その事実が確かめられるかと思います。

3　アルフレッド・ビネー、波多野完治訳『新しい児童観』明治図書、1961年。

このように、発達の質的転換期を越えるということは、文字の読み取りかたのように、自分を取り巻くあらゆるものをとらえる枠組み自体が質的に変わるということなのです。他者との関係のとりかたも同様であり、冒頭に紹介した「スリッパを揃える行動」では他者への関心が大人から友だちへ、そして友だちの気持ちへと質的に転換していました。

このような枠組みの転換は、突然生じるものではありません。前の発達段階から次の発達段階に飛躍的に移行する過渡期にある発達の質的転換期の状態について、木下孝司は次のように説明しています。

「これまでの枠組みではとらえきれない現実にぶつかり、さりとてその問題をうまく収めるだけのかかわり方をわがものにしていない。それでもなお、世界と向き合おうと新たな枠組みが萌芽しつつある状態」[4]

私は既述した思春期の特徴が、こうした発達の質的転換期の状態にあてはまるのではないかと思っています。思春期は親からの自律欲求が高まるとともに、これまで絶対的であった大人の基準枠に疑いをもち、他人や自分の存在にも不信感を抱いて揺れはじめます。しかし、その疑いや不安を論理的に整理できるほどの思考を獲得しきれていないことでイライラ、悶々とするようになります。こうした状態は、まさしく質的転換期にさしかかっているといえるのではないでしょうか。

潜在的にはこれまでの枠組みで世界を取り込むことに矛盾を感じているのに、うまく自分なりの処理ができないもどかしさは、苦しみとなり、時にネガティブな行動となって現れること

4　木下孝司『子どもの発達に共感するとき』全障研出版部、２０１０年。

があります。そのため、この時期は「発達の危機」とも呼ばれています。「かみつき」や「イヤイヤ」などはその代表例といえるでしょう。重要なことは、このような一見ネガティブにみえる行動の背景に、「こうありたい」という子どもの発達へのねがいが存在しているということです。外側からだけでは見えてこない発達的事実が、視点を変え、極微の世界に注意を注ぐ、すなわち「極微のメガネ」をかけることで見えてくることがあります。ネガティブな行動を対処療法的になくす方向に向かわせるのではなく、発達してきたからこそ抱える矛盾や葛藤なのだということをまず理解し、どのような発達へのねがいが芽生えてきたのかを考えていくことが必要になるのです。

(2)「できなくなったようにみえる」姿の裏に潜む発達へのねがい

ネガティブな行動と同じく、発達することで、これまでできていたことができなくなったかのように見えることがあります。小学校の特別支援学級に通うリュウ君は、発達検査場面において私が用意した質問文に対して、1年生の時には文字で表現していたものを2年生になると急に絵で表現するようになりました。なぜ文字を書いていたのに書かなくなったのか…担任の先生は「文字を書かせ過ぎて嫌いになったのではないか」と悩みます。しかし、実際にはこの表現の変化のなかにリュウ君の大切な力が育まれていたのです。1年生の時のリュウ君は【一番すきなものは?】に「おもち」、【一番きらいなものは?】に「おうち」、【一番したいことは?】に「くるま」と書いていました。これは、その時に文字を習ったことがうれしくてただ順番に書いていただけで、質問に対する答えとは対応していませんでした。それに対して2年生の時のリュウ君は、【一番すきなものは?】にドーナツの絵を、【一番きらいなものは?】にピーマンの絵を、【一番したいことは?】にゲームのキャラクターの絵を描いていました。質問文に対応するかたちで絵が描かれています。相手の聞いていることに答えたい、でも、答えたい内容を文字で表すのが難しいリュウ君にとって、絵での表現は精一杯の相手への返答だったのではないでしょうか。そこに絵を媒介にしてでも「伝えたい」というリュウ君のねがいが込められていることがわかります。会話では自分のことを一方的に話すばかりで、噛み合わないことが多いリュウ君でしたが、担任の先生のお話によるとちょうどこの頃から、「なんて?」「どういう意味?」と相手の話すことに耳を傾けるようになってきたそうです。

「伝えたい」という思いは書きことばの土台となります。文字に興味をもちはじめる5歳児クラスの子どもたちが最初に挑戦するのは、自分の名前に加えて友だちやお父さん、お母さんへの「お手紙」、七夕の短冊での「おねがいごと」であったりします。もっと年齢の高い人にとっては好きな人への「ラブレター」や、仕事での「発注書」に変わってきたりします。このように、「書きたい」という思いは「伝えたい」から始まることを考えると、リュウ君にとって文字以前に大切な力が育まれてきたことになります。表現方法だけを見ると文字から絵に変わるというのは「できていたものができなくなった」と心配される対象になり、ともすれば「できていたのに」という大人の思いから文字指導がさらに強化されてしまっていたかもしれません。しかし、リュウ君に育まれてきた思いを知ることで、この「伝えたい」をもっと多様な表現方法や場で輝かせてあげたいという実践につなげていくことができます。

ネガティブに見える行動やできていたことができなくなったかのように見える行動を一面的にとらえてしまうことで、どうしたらやめさせられるのか、どうしたら再びできるようになってくれるのかといった方向に実践が向けられてしまいます。それは、子どもだけでなく実践する側の心をも窮屈にさせてしまいます。行動に潜んだ子どものねがいに目を向けることは、実践する側の心を解放し、豊かな実践へとつなげていけるという点でも大切にされるべきなのではないでしょうか。

(3)「ヨコへの発達」といわれるもの

これまでの内容から、発達とは「できなかったものができるようになった」、「能力の水準が高まった」というだけでは語れないことがわかります。このような縦軸でとらえる発達を「タテへの発達」としたとき、発達保障の思想を基盤とする実践のなかでは「ヨコへの発達」がより重視されてきました。[5]

保育園の5歳児クラスに通うアヤちゃんは重度の肢体不自由があり、一日を車椅子で過ごしていました。筋緊張が強く、腕を動かそうと意識すると頭が後ろに反れてしまうこともあり、手を動かす時には首から肩を誰かに支えてもらう必要がありました。そんなアヤちゃんが、ある日、入所後ずっと興味をもつことのなかったお絵描きに挑戦したのです。5歳児クラスのみんなで行った動物園の絵を描こうという活動の時です。周りのお友だちがゾウやキリンを描い

5 発達保障に関する詳細は、丸山啓史・河合隆平・品川文雄『発達保障ってなに?』全障研出版部、2012年を参照してください。

ているなかで、アヤちゃんも赤色の太いマジックペンを左右に動かし、渦巻き状の〝ウサギ〟を描きはじめました。休み休みしながらも全身の力を込めてグッと紙に少しずつ赤い渦をつくっていく姿に、アヤちゃんの体を支えていた保育士から「アヤちゃん、がんばれ!」と声がもれます。それに気づいた周りの子どもたちからも「ガンバレ、ガンバレ」と自然にアヤちゃんを応援する声が聞こえてきます。アヤちゃんの描いた絵を見たタケル君が冗談まじりに「なんか、梅干しみたいになったなー」とつっこみました。それに対して保育士が「なに言うてるん!これはかわいいいいウサギやんか、梅干しなんてひどいわー、なぁアヤちゃん」とすかさずフォローを入れます。そのやりとりがおもしろくて、アヤちゃんが笑い出しました。周りの子どもたちも「梅干しじゃなくてウサギやんなー」と笑い合います。何ともいえない温かい雰囲気が保育室を包み込んだひとときでした。しかし、その日のお迎え時にアヤちゃんの描いたウサギの絵をお母さんに見せた保育士はショックを受けることになります。なぜなら、実はアヤちゃんは週に一度通っているOT指導で、かなり前から絵を描いていたというのです。それなら、単に療育でやっていたことが保育園でもできたというだけで、なんの驚きもないということになるのか、その後の職員会議でアヤちゃんの姿をどう考えるかが話し合われました。

「絵を描く」という行為だけをみると、そこには特に発達したという変化はないように思えます。しかし、OTとの関係のなかでしかできなかったことが保育園の先生や友だちとの関係のなかでもできるようになってきた、今までできていたことが別の関係のなかでも発揮され、確かなものになっているのであれば、それも発達ととらえてよいのではないか。梅干しのくだりで友だちと笑い合ったように、「絵を描く」行為がOTとの関係ではなかった新たな関係を友だちと切り結んでいくことで、「絵を描く」行為の意味自体が変わっていったのではないかなど、たくさんの意見が保育士から出されました。こうして、アヤちゃんの姿は、発達をどのようにとらえるかといった重要な問題を保育士たちに提起することになったのでした。

保育や教育の目標設定や評価において、より具体的に「できる」ことや能力水準の向上がめざされつつあるなかで、「タテへの発達」が極めて難しい重度の障害のある人たちの姿をどのように記述するかが問題となってきます。時には何年にもわたって「変化なし」といった記述で終わってしまうこともあるでしょう。

「ヨコへの発達」とは、アヤちゃんが見せてくれたように、今ある力が違えた場所、人、活動に向けられ、そのなかでより豊かに、確かなものになっていく。それは、かけがえのないその人の個性を形成していくことだといえます。「ヨコへの発達」をとらえていこうとする提起は、何年も同じ発達段階に留まっているように見える重度の障害のある人に対する考え方を大きく変えることになるのです。「三歳の精神発達でとまっているように見えるひとも、その三歳という発達段階の中身が無限に充実していく生き方があると思う。生涯かかっても、その三歳を充実させていく値打ちが充分にあると思う。[6]」と糸賀一雄が述べているように、横に広がる発達の中身である、その人のかけがえのない個性を豊かにつくりだしていくために、教育や療育のありかたがいっそう問われていくことになります。

ただし、違えた場所、人、活動に向けられるということだけが注目され、主体をぐらない

6　糸賀一雄『福祉の思想』ＮＨＫブックス、１９６８年。

「いつでも、どこでも、だれとでも」が教育目標に掲げられるのは、少し違うのではないかと感じています。「ヨコへの発達」は単に能力の汎化を意味しているものではありません。「今できていることを、どんな状況でも発揮できるようにしておかなければ」という思いは、時に個人の人格を無視した「適応」の姿だけを求めることになってしまいます。「ヨコへの発達」とは多様な社会とのつながりを知るなかで、自分なりの気持ちが込められるひとときや場所、人間関係を自らがつくりだしていくことなのではないでしょうか。重度の障害のある人が、初めてのヘルパーさんによる入浴介助のときに緊張して体を強張らせたり、大学生が見学にきたリハビリではいつも以上にはりきったり、この人とは緊張するな、この人の前では格好良くありたいなと、気持ちを込められるものが生活のなかで豊かにつくりだされることが、その人の個性を形づくっていくのではないかと思うのです。

4　発達と教育の関係

(1)　発達の原動力

発達段階については既に述べましたが、いくつかの発達段階がさらに大きな特徴で一括りにされたものを発達の階層といいます。発達の階層には乳児期前半の階層、乳児期後半の階層、幼児期から学童期前半までの階層、学童期後半から成人期への階層[7]といったものがありますが、この階層間の飛躍的移行を達成するためには「発達の原動力」の誕生が重要となります。「発達の原動力」の誕生に際しては、次の発達の階層を主導する役割を担うようになる新しい交流手段の発生をともなうとともに、人格の発達的基礎の形成にもとづき、新たな発達的自由を確かなものにしていくということで、[8]発達診断の場においても「発達の原動力」の誕生をとらえることが重要視されてきました。

例えば、乳児期後半の階層の10ヵ月頃に、次の幼児期の階層において主導的な位置を占める諸機能（直立二足歩行や道具の使用、話しことばの獲得など）で必要となる新たな質がもたらされるようになります。[9]具体的には、10ヵ月頃になるとよつばいやつたい歩きをしながら、目標に向かって移動しはじめます。その道中に段差や斜面などの抵抗があっても、移動行動への意欲を失いません。このような力は直立二足歩行につながる基礎的な力量といえるでしょう。また、2個の積木を持つとそれを正面で打ち合わせる、器を出すとそこに積木を入れようとする、柄のついた鐘を渡すと柄をつかんで横に振ったり、人差し指で鐘舌をいじったりと道具に応じた様々な定位的調整をする姿を見せてくれます。さらに、「ナイナイしてね」「ジョウズジョウズ」などの声かけをともなう動作を真似しては相手に視線を向けて、ほめられると喜んで繰り返しその動作をおこなうなど、模倣を介して相手と情動的な共有を図ろうとします。次第に、ことばだけでその動作を引き出すことができるようにもなりはじめます。

このように、10ヵ月頃には相手の話しことばに注意を向ける、動作による定位的調整が引き出せる、相手とものを介して関係を結びながら気持ちのやりとりを調整していくようになりま

7　河原紀子「『可逆操作の高次化における階層―段階理論』とそれに基づく発達診断の試み」『障害者問題研究』第41号第3号、2013年。

8　田中昌人『発達研究への志』あいゆうぴい、1996年。

9　白石正久・白石恵理子編『教育と保育のための発達診断』全障研出版部、2009年。

す。こういった力を次の発達の階層に移行していく上での「発達の原動力」としてみていくことが重要となるのです。[10]

特に、1歳半の発達の質的転換期がなかなか越えられない人の場合には、その要因の一つとして、10ヵ月頃の「発達の原動力」の誕生に弱さをかかえていることが指摘されています。その事実に目を向けず、1歳半頃の発達の力の獲得ばかりをめざしてしまうと、相手と気持ちのやりとりを調整することなく、ことばや道具の使用ばかりを強めてしまう事態を招いてしまうかもしれません。そのような発達の空洞化を生じさせないためにも、「発達の原動力」のすこやかな誕生とその充実を支えていくことが極めて重要となるのです。

10　白石正久・白石恵理子編『教育と保育のための発達診断』全障研出版部、2009年。

(2) 発達の原動力と発達の源泉はちがう

それでは、「発達の原動力」の誕生に、周りの環境や教育はどのように寄与するのでしょうか。詳しくは2章を読んでいただき、ここでは一つ例をあげて考えてみましょう。

なかなか自分ではスプーンを使って食事をしない子どもが、保育園に入ったことをきっかけにしてスプーンを自分で使おうとすることがあります。友だちが周りにいて、スプーンを使って食べていて、先生が笑っていて…そんな雰囲気のなかで「自分も友だちみたいにスプーンを使いたい」という発達要求が芽生えてくる。しかし、そう簡単には使いこなせません。「スプーンを使わせたい」という先生の教育的要求にもとづく指導を受けて、その子どもは次第にスプーンを自らの力で使いこなすようになっていきます。

　この例において、子どもがスプーンを使いこなせるようになるための条件として何が必要だったのでしょうか。発達を規定する条件については、古くから遺伝か環境かという論点で議論がなされてきました。しかし、この問題を子どもの主体的条件なくして二者択一的に考えるべきではないでしょう。ここで重要なのは、子どもが外的環境を取り込みながら自らによって発達要求をつくりだしていったということではないかと思います。そこに発達要求にもとづく教育的指導がおこなわれるなかで、自らを変革していくという営みがおこなわれたのです。

　ソビエトの教育心理学者であったコスチュークは「子どもの発達の原動力は、子どもの生活、彼の活動、まわりの社会的環境とかれとの相互関係のなかに生じた内的矛盾である」と述べています。そして、その「内的矛盾」は、外から提示された課題と子どもの能力水準の間に存在する隔たりであり、それを教育によってつくりだすことで、「発達の原動力」へとつながるとしています。[11]しかし、教育が提示した課題が必ずしも子どもの「内的矛盾」になり、それが「発達の原動力」となるとは限らないのです。教育が子どもの内面をくぐらずに外から設定されてしまうことを避けるためにも、「発達の原動力」と、教育が直接的に用意できる「発達の源泉」を区別する必要があるのです。[12]これは、教育がいかようにも子どもを変えていけるものではないという観点からも重要な提起といえるでしょう。

　だからといって教育は発達において無力なのかというとそうではなく、いっそう、子どもの発達的事実や発達要求に裏付けられた「発達の源泉」の中身が問われてくるのだと思います。例にあげたスプーン指導に関して言えば、ともすればマンツーマンの指導になってしまいかね

11　コスチューク『発達と教育』、村山士朗他訳、明治図書、1982年。

12　白石恵理子「知的障害の理解における『可逆操作の高次化における階層—段階理論』の意義」『障害者問題研究』第37巻第2号、2009年。

ない場において、発達要求がつくりだされた集団を解体せずに保障するということが大切になってくるかもしれません。そして、まだ手づかみで食事をすることを充分に楽しみたい時期なのか、指導との関係で発達がどのような時に成り立つのかも常に考えなければならないのです。そのためにも、この働きかけに子どもがどう反応したかといった「刺激―反応」の枠組みで評価するのではなく、子どもにどのように内面化されたのか、どういった「手ごたえ」を残したのかが常に議論されるべきだと考えます。

5　成人期、高齢期の発達を考える

（1）輝く大人であることをねがう成人期

いま、障害のある人の加齢にともなう心身機能の低下、意欲の低下などの問題が注目を集めつつあります。多くの喪失を経験する成人期や老年期の人たちにとっての発達を私たちはどのように考え、受けとめていけばよいのでしょうか。

これまで述べてきた内容から、発達とは単に能力の水準が高まったり、できなかったことができるようになったりすることだけではなく、一人ひとりの人格発達をともなうもっと広がりと厚みをもったものだと考えることができると思います。

シゲルさんは一般就労を経験した後、40代で作業所に入所してきました。シゲルさんは、以前に仕事場で怒られたことや失敗したことを何年も覚えていて、作業所での新しい活動を躊躇したり、怖そうに見える人に苦手意識を感じて距離をとったりと、不安な気持ちで一日を過ごすことが多い人でした。もめごとがあると「怖いこともうないか?」と何度も職員に聞いてきたり、「お母さんに言わんといてや」と繰り返し不安な気持ちを職員に訴えたりしていました。通所して10年程たち、シゲルさんが50代になったころ、作業所ではグループホームに一週間泊まりながら作業所に通うという「体験ホーム」が新しい試みとして始まりました。「体験ホーム」を経験して作業所に戻ってくる仲間の姿がシゲルさんには輝いて見えたのでしょう。ある日突然、「自分も体験ホーム行ってみたい」と言い出したのです。不安も高く、初めてのことが苦手なシゲルさんは何日も悩んだことでしょう。輝く仲間にあこがれながら、自ら体験ホームに行くことを決めた経験は、それ以降のシゲルさんの自信と強さになっていきます。10数年拒否していたトイレ掃除の仕事も「ホーム入るし練習するわ」と引き受け、仕事以外の活動でも洗濯や配膳の当番など以前よりも前向きに取り組むようになってきました。「先輩やもん、親がいなくなったら大変やろ」、「お母さんが僕を小さな子みたいにヤイヤイ言うんや、ほんまはそれが嫌なんや」、「前はトイレ掃除苦手やったけど、練習するって家で決めた」と話すシゲルさんには、親から自立し、輝く大人でありたいというねがいと、過去のネガティブな自分を引き受けながら自己信頼を高めていく姿がありました。シゲルさんにとって「体験ホーム」は自らをつくりかえていくきっかけになりましたが、その発達へのねがいは突然現れたものではなく、10数年重ねた作業所での生活のなかで失敗を受け入れてくれる仲間集団や「頼っていいんだ」

と思える職員の存在、そして両親の老いを目の当たりにするなかで、少しずつ築かれてきたものでしょう。

成人期に入ると、これまでのように「できること」が増えていくばかりではなくなります。それでも、シゲルさんのようにそれぞれの歩みのなかでじっくり、ゆっくり、確実に人格的な広がりと深まりを見せてくれるのです。私たちは、その姿を発達的な豊かさとしてとらえ、支え抜くことが大切なのではないでしょうか。

成人期の発達を語るとき、労働の問題は無視できません。労働はきわめて目的意識的な活動であるため、本人の外側から「何かをつくる」「何かを生み出す」ことが強いられてしまうことで、発達を阻害するものになっていないか十分に留意する必要があるでしょう。[13]「仕事に障害者を合わせるのではなく、障害者に合った仕事をつくる」ことが共同作業所等の労働を考える際に重視されてきましたが、丸山啓史が指摘しているように「障害者に合った仕事」において「障害者が仕事を遂行できるようにする」ことだけが強調されるべきではありません。[14]その労働が本人の内面をくぐるようなものになっているか、どのような手ごたえを残せているのかについて、本人の「こんなふうになりたい」「あんなことしたい」という発達へのねがいにかなうものになっているのかと合わせて、考えていく必要があるでしょう。そのためには、量的な生産性を追及することをめざす労働のありかたを問い直すとともに、より高い自由度と柔軟性をもって労働の中身を創造していくことが求められるのではないでしょうか。

さらに労働との関係において、余暇について考えていくことも重要となります。余暇を新た

13 白石恵理子「青年・成人期自閉症者の発達保障」『自閉症の理解と発達保障』全障研出版部、2012年。

14 丸山啓史「人間発達と『労働生活の質』―「障害者に仕事を合わせる」の意味と意義―」障害者問題研究第38巻第2号、2010年。

な気持ちで労働に向かいやすくするために必要な時間と考えるのか、労働とは切り離して、余暇そのものに自己実現を可能にする価値があると考えるのか、それによって余暇の中身は大きく変わってきます。一日の時間から睡眠時間や労働時間を差し引いた「余った時間」としてとらえるのではなく、余暇がどのような価値を生み出すのかについてさらに追求していくことが必要となるでしょう。

(2) 今を自分らしく生きるために

高齢期は医療ケアをはじめとした加齢にともなう問題に加えて、労働だけではない日中活動のありかたについても検討する必要に迫られています。一方で、高齢期という時期は、諸機能や人間関係の喪失とその状態への適応の過程だけではなく、新たに人間関係を形成することや自分らしい生きかたを獲得するなど、形成と獲得の過程であることも報告されるようになってきました。

老人ホームの入所者の語りを分析している民俗学者の六車由美は、知的障害はありませんが、同じ問いばかり繰り返す認知症のキヨコさんについて紹介しています。[15] キヨコさんは人に会うと、必ず「あんた、何町?」と相手の居住地や出身地を尋ね、必ず「それじゃあ今度うちに遊びにいらっしゃいよ」と最後に誘って会話を締めくくります。初対面であるかないかにかかわらず繰り返されるこのお決まりのパターンは、キヨコさんにとって「今」を「生きる方法」なのではないかと六車は分析しています。若い頃は地域での様々な場面でリーダーとして活動し、

15 六車由美『驚きの介護民俗学』医学書院、2012年。

他のメンバーを激励したり、活動の雰囲気を盛り上げたりしていたキヨコさんにとって、自宅への誘いは相手への最大の激励だったのではないでしょうか。「あなた何町？」で始まる一連の問答は「それじゃあ今度うちに遊びにいらっしゃい」を導き出すための複線であり、昔と同じように生き生きと輝いている自分であり続けたいというキヨコさんのねがいが込められているように感じます。

発達とは自分をつくりかえていくことであると既に述べましたが、そのような自分づくりは、自分のこれまでの歴史を引き受けながら「今」をつくっていくことにあります。高齢期にいる人たちの「今」は長い自分づくりの歴史が織りなして形成されています。その歴史が織りなす「今」を「自分らしくありたい」、「自分らしい生活をしたい」とねがい、新たな自分づくりがなされているのです。ことばによって昔の自分について語ることのできる発達段階にいる人たちのなかには、ぽつりぽつりと昔の話をしてくれる方がいます。彼らにとって過去の歴史を語るというのは、単なる思い出語りというだけではなく、そのような歴史によってつくられてきた「今」の自分を確かめる意味合いがあるのかもしれません。そのように考えると、本人から語られることばをことば通りに理解し、受けとめるというだけでも本人の自己実現を支えていく大切な関わりといえるのではないでしょうか。

一人ひとりが織りなす歴史は当然異なるため、「自分らしく生きる」ための中身も多様に存在しています。長年一緒に過ごした仲間とともにありたいとねがう人、体はしんどいけれど働きたいとねがう人、人のために何かをしてあげたいとねがう人、それぞれのねがいにかなった多様な生きかたの実現が図られる必要があるとともに、日々変化する心身機能などの状態を踏まえて、ねがいの中身やその実現に向けた手立てについては常に問い直していくことが求められるでしょう。

6　発達の三つの系　個人―集団―社会

これまで個人の発達を中心に見てきましたが、発達は個人という閉じられたなかでなされていくものではありません。保育園に入ったことをきっかけに自分もスプーンを使って食事をしたいとねがうようになるのは、周りの子どもたちのスプーンを使う姿にあこがれをもったからでしょう。シゲルさんが輝く大人でありたいとねがい、色々なことに挑戦するようになったのは、失敗を笑わない仲間集団がいてくれたからでした。人間は社会的、集団的な関係のなかでねがいをつくりだしていく存在であり、社会や集団のありようによって個人の発達は大きく変わっていくのです。

全障研では個人・集団・社会の「発達の三つの系」として、個人の発達を集団の発展と社会進歩との関連で見ていくことを大切にしてきました。

そもそも、「発達の三つの系」は、1971年に出された中央教育審議会答申「今後における学校教育の総合的な拡充整備のための基本的施策について」において、個人の特性や能力に応じた学級編成、学習指導による「個別化」、「集団の解体」がめざされたことへの批判から提起されたものでした。それから45年が経過した現在でも、このような問題は続いているといえるでしょう。経済効率を重視した諸々の政策は、個人主義的競争原理を福祉、教育現場に持ち込み、仲間集団や教職員集団を解体し、それは個人の発達をも脅かすことになります。

極微のメガネで発達を見ることは、私たち一人ひとりが子どもの発達へのねがいを想像することから始まると述べてきましたが、発達へのねがいはそう簡単に見えてくるものではありません。だからこそ、一緒に悩み、考え、時には読み誤ることも保障された教職員集団の存在が必要になります。そういった集団の解体は教職員の孤立化を招くとともに子どもの発達へのねがいを想像するゆとりさえ奪っていくのです。集団や社会の発達・発展の危機を、私たち自身の問題として引き受けていく必要があるとともに、個人の発達を保障するためには、同時に集団と社会の系にも働きかけていくことが大切なのです。

最後に、発達を知るということは相手を信じるということでもあります。相手を信じているからこそ、その人を発達へのねがいをもつ主体として認め、受けとめ、そして待つことができるのです。

そのような見かた、関わりかたの転換こそが豊かな実践をつくっていくのであり、それは同時に、私たち自身をつくりかえていくことにもなるのです。発達とは自分づくりのプロセスであり、私たちも発達へのねがいの実現に向けて、かけがえのない自分づくりをおこなっている主体そのものなのですから。

発達と実践の関係

藤野友紀

発達を学ぶと子どもが見えなくなる?

人が発達するとはどういうことでしょうか。それは過去の自分を超えて新しい自分になっていくことだといえるでしょう。子どもだけでなく成人や高齢であっても、そしてたとえ重い障害を抱えていたとしても、生きているかぎり人は発達する可能性をもっています。発達支援の実践にかかわっている人たちが発達を学ぼうとするのは、対象者の「おもい」や「ねがい」を理解して、その発達可能性をよりよく保障したいからに他ならないと思います。しかし他方で、少数意見かもしれませんが、発達を学ぶことでかえって子どもが見えなくなるのではないかと危惧する声もあります。なぜでしょうか。

第1章で述べられていたように、発達には「発達段階を構成する複数の機能間の横のつながり(機能連関)」と「発達段階間を連続的にとらえる縦のつながり(発達連関)」という二つの基本法則があります。この二つの基本法則の理解の上に発達を学んでこそ、目の前の子ども（対象者）のことがよく見えるようになるのです。もし生後何ヵ月、生後何歳で何ができるという項目を知るにとどまる学び方をするならば、むしろ目の前の子ども（対象者）が見えなくなるというのもうなずけます。なぜなら、そういう学び方は子どもの発達に対する「ものさし的な見方」を強化するからです。

「ものさし的な見方」とは、標準的な発達から外れていないか、外れているとしたら何がどれだけ外れているのかという視点で子どもを見つめます。もちろん、ものさしのすべてがいけないわけではありません。たとえば健診などのスクリーニングで子どもの障害の可能性をいちはやく発見し、早期からの支援を開始するためには、標準的な発達のものさしが必要なこともあります。しかし、標準的な発達のものさしを使うことと、子どもに対して「ものさし的な見方」をすることは別物です。

「ものさし的な見方」を強化する発達の学び方をした場合、いま目の前にいる子どもをどのように見るようになるでしょうか。「標準」の発達水準から「まだ○○ができない」と引き算をするか、あるいは「～歳レベルの発達」という抽象的なラベルでしか見られなくなって、その子どもがいま何に困っているのか、何に喜びを感じるのか、どんなねがいを抱いているかに思いを巡らすことができなくなるかもしれません。

　私たちが学ぶべき発達は、何歳で何ができるという項目一覧ではないはずです。日々実践で向き合っている子どもの行動の真の意味を知り、抱えている葛藤やねがいを理解し、その子どもが今の自分を超えて新しい自分になっていくことを手助けしたい。多くの人はそのような思いに支えられて発達を学び始めるのだと思います。目の前の子どもの状態の中に、本人も自覚していないかもしれないほど小さな「発達の芽―ねがい―」を見つけ出し、そのねがいを実現させようとする営みが、発達支援の実践なのです。

実践では、子ども（対象者）の発達段階をとらえて、発達に対してはたらきかけていくことが求められます。それは上へ上へと子ども（対象者）を引っ張り上げることが目的なのではなくて、子ども（対象者）が自分のもてる力を思う存分に使って世界とまじわり、人間としての喜びを感じ、生きる手応えを感じられるように援助することをめざしたものです。でも、「言うは易し、行うは難し」です。少なくとも私はそうです。成績で序列化されて評価される学校制度に対して不満を抱きつつもうまく適応してきたせいか、油断すると「ものさし的な見方」に陥ってしまうことがあります。しかし、だからこそ、実践の中でどのように発達をとらえるかについて、また発達と実践の関係について、たえず考え続けることが大切だと思っています。

本章では、まず発達評価の問題を取り上げます。発達支援の実践現場では、子ども（対象者）の発達段階をとらえるために、何らかの形で発達検査が活用されることが多いでしょう。では発達検査の実施およびその結果は、子ども（対象者）の姿を把握し、指導・援助のあり方を探るにあたって、どのように取り扱われるべきでしょうか。「発達の最近接発達領域」の概念を手がかりに考えてみたいと思います。

次に、第1章でも紹介されていた「ヨコへの発達」について、歴史的な記録映画『夜明け前の子どもたち』のエピソードをもとに再考します。実践の「成果」を求めるあまり、私たちはつい子ども（対象者）を上へ上へと引っ張り上げようとしがちです。しかし、それが子ども（対象者）のねがいに基づいたものでなければ、本人の人生・生活を豊かにする実践をめざしていたはずが、知らず知らずのうちに本人の意思を無視して「適応」を迫る実践になってしまうかもしれません。「ヨコへの発達」という概念は、そういう陥りがちな「失敗」に気づかせ、実践の発達や実践者自身の発達をもたらす契機を与えてくれるのです。

1　発達を評価するということ

(1)「発達年齢」という発明

ここにAちゃんという7歳の子どもがいると想定します。Aちゃんの発達をとらえようとするとき、日常の生活のようすをこまやかに観察したり、親や先生にくわしく話を聞いたり、発達検査をしたりするのが通常のやり方です。つまり、Aちゃんの発達を知るには「7歳」という「生まれてから現在までの年月（生活年齢）」の情報だけでは不十分であり、Aちゃんへの個別のはたらきかけをとおして「特性」や「能力」を知ることが必要だと考えられているのです。それを生活年齢と区別して「精神年齢」あるいは「発達年齢」と呼びます。

いまや常識のようになっている考え方ですが、このアイデアはアルフレッド・ビネー（18

57～1911）というフランスの心理学者によって世に広められました。ビネーは当時のフランスの文部大臣から、「学校で落ちこぼれてしまう児童に特別教育をしたいが、その特別教育が必要なのは誰かを事前に知る方法を作ってほしい」と頼まれ、ビネー＝シモン尺度というテストを考案しました。

テストの作り方は次のようなものでした。まず、30個の問題を簡単なものから難しいものまで順番に並べて、たくさんの子どもにその問題を解いてもらい、それぞれの子どもがどの問題まで解けるかを調べます。そして同じ年齢の子どもの75％が解けるかどうかで、各問題の年齢のレベルを決めていきます。たとえば9歳の子ども100人のうち75人が解ける問題は、9歳レベルの問題と認定されるわけです。これがいわゆる知能検査の誕生です。

完成したテストは、一対一の個別面接方式で子どもに実施されました。低い年齢レベルの問題から順に進めていって、できない問題が出てくるまで続けます。そして達成できた最後の問題に対応する年齢レベルが、その子どもの「精神年齢（発達年齢）」であるとみなされ、精神年齢（発達年齢）が実際の年齢（生活年齢）よりもずっと低い場合に特別教育プログラムが必要と判断されました。このようにビネーがテストを考案した背景には、「子どもの発達の水準は実際の年齢（生活年齢）とイコールではない」、「子どもの精神年齢（発達年齢）に考慮したこまやかな教育がおこなわれるべきだ」という信念があったのです。

(2) テストの功罪

先にも述べたように、ビネーがテストを考案した目的は、特別教育が必要な子どもを見つけ出して、必要な教育を保障することでした。同時にビネーは、自分の考案したテストが、よりこまやかな教育を必要とする子どもを事前に見つけ出すという本来の目的ではなく、子どもに対して消せないレッテルを貼る道具として利用されるのではないかという危惧も抱いていました。だから彼は、「テストで算出された精神年齢は未来永劫変わらないものではないし、精神年齢が低いから無能だというわけでもない」「テストは子どもをランク付けするためではなく、子どもを伸ばす特別教育をおこなうためにあるのだ」と繰り返し言っています。しかし残念ながら、ビネーの危惧は現実のものとなってしまったのでした。

ビネーの「精神年齢」というアイデアをもとにドイツの心理学者シュテルンが考案したのが、「知能指数（ＩＱ）」という指標です。知能指数は、精神年齢を実際の年齢（生活年齢）で割って１００を掛けることで導き出されます。生活年齢と精神年齢が一致している場合の知能指数の基準値を１００として、精神年齢が生活年齢を上回れば１００より大きく、逆に精神年齢が生活年齢を下回れば１００より小さくなるように設定されています。たとえば８歳の子どもがビネーのテストを受けて、精神年齢（発達年齢）が６歳という結果だった場合、知能指数（ＩＱ）は「６÷８×１００＝75」となるわけです。

数字というものは怖い一面をもっていて、現時点でのテストの結果であるにすぎない知能指数が、あたかもその子どもの「生まれつきの」そして「死ぬまで変わらない」知能のレベルであるかのようにとらえられ、知能指数の高い低いによって人間をランク付けできるという考え方が広まっていきました。

その後、アメリカの心理学者ターマンが、いっせいに多くの子どもを検査するための筆記式テスト「スタンフォード＝ビネー」を考案し、多くの人にこのテストが実施されるようになりました。信じがたいことですがテスト実施の目的の一つは、知的障害を知能指数でランク付けした上で、特定のランクの人たちを隔離して行動を監視し、子どもを産ませないようにするというものでした。つまり、特別教育を必要とする子どもにこまやかな教育をおこなうどころか、そうした子どもを教育から排除し、さらには社会生活からも排除するための道具としてテストが使われるようになったのです。[1]

現代の日本でも心理判定や教育の現場で、知能テストや発達テストが使われています。テストを実施する目的はもちろん、そのテストを受ける人が教育や福祉の面で必要な援助を受けられるようにするためでしょう。しかし、テスト実施者の意図に反して、テストで得られた指数やプロフィールが、テストを受けた人に消せないレッテルを貼り、「正常」からどれだけ外れているかというランク付けをするために使われる可能性は常にあります。だからこそ人の育ちにかかわる仕事をしている人たちには、何のためにテストをするのか、そのテストによって測られているものは何かを批判的に吟味することが求められるのです。

1 スティーヴン・J・グールド『人間の測りまちがい：差別の科学史』河出文庫、2008年（鈴木善次・森脇靖子訳）。

（3）発達の二つの水準

ビネーの精神年齢（発達年齢）の話に戻りましょう。精神年齢（発達年齢）はテストで達成できた最後の問題が何歳レベルであったかによって算出されます。すなわち、一人で誰の助けも借りずにできることの上限が精神年齢（発達年齢）を決めるわけです。この原理はビネーのテストだけでなく、現在使われている標準化された発達検査のほとんどにもちいられています。最終的な結果の表し方は、機能別の発達年齢や細かなプロフィールなどさまざまですが、それらの数値が「一人で解くことのできた課題」をもとに算出されている点は同じです。そこには、一人でできることの上限がその人の発達の水準であるという暗黙の前提があります。

さて、この発達の水準に対する常識的な考え方に疑問を投げかけたのがロシアの心理学者ヴィゴツキー（1896～1934）でした。彼はテストによって得られる結果を「現在の発達水準」と呼びました。そして、「現在の発達水準」を知るだけでは子どもの今の発達状態を十分に明らかにすることはできないと主張したのです。[2] ヴィゴツキーの挙げた例を引用して、主張の内容を詳しく見ていきましょう。

たとえばテストで精神年齢（発達年齢）が7歳とされた子どもが二人いるとします。つまり、どちらも自分の力で7歳レベルまでの問題が解ける子どもです。しかし、そのうちの一人であるAちゃんは手助けをしてもらえば9歳レベルの問題まで解けましたが、もう一方のBちゃんは手助けをしてもらって解けたのは7歳半レベルの問題まででした。この二人の発達水準は同

2 ヴィゴツキー『「発達の最近接領域」の理論』三学出版、2003年（土井捷三・神谷栄司訳）。

レフ・セミョノヴィチ・ヴィゴツキー

じと言えるだろうかとヴィゴツキーは問うのです。

テストで測られる「現在の発達水準」は、子どもがすでに成熟し終えた発達のレベル、すなわち過去に学び終えた内容を示しています。Aちゃんと Bちゃんの場合、それはどちらも同じ7歳レベルでした。しかし、「現在の発達水準」は、今まさに発達のまっただ中にあるもの、すなわち子どもがこれから学べるであろうものについては何も語ってくれません。

大人や年長者の助けを借りたなら、子どもはどういう姿を見せてくれるのか。それをヴィゴツキーは「可能的発達水準」と名づけました。「まだ成熟し終えていないけれども、これから成熟していく可能性のある発達水準」という意味です。先ほどのAちゃんの場合は9歳レベル、Bちゃんの場合は7歳半レベルにあたります。「現在の発達水準」がすでに成熟しきった「発達の果実」だとすれば、「可能的発達水準」は「発達のつぼみ」です。子どもの発達を真に理解するためには、この二つの発達水準をとらえることが必要だとヴィゴツキーは考えたのです。

（4）発達の最近接領域

すでに自分一人でできる「現在の発達水準」と大人や年長者の手助けがあればできる「可能的発達水準」の間にはズレがあります。「現在の発達水準」は過去の発達の結果ですが、「現在の発達水準」と「可能的発達水準」の間のズレは今まさに発達している最中のものです。このズレのことを「発達の最近接領域」といいます。ヴィゴツキーが「発達の最近接領域」の概念によって主張したのは、すでに発達した結果（「現在の発達水準」）を序列のものさしでランク付けするのではなく、一人ひとりの子どもがこれから発達する可能性（「可能的発達水準」）に目を向けなければならないということでした。

ヴィゴツキーは「教育は発達の後追いをするのではなく、発達を先回りしなければならない」と言います。[3]「発達の後追いをする教育」とは「発達に働きかけない教育」のことであり、「発達を先回りする教育」とは「発達に働きかける教育」を指しています。では「発達に働きかけない教育」と「発達に働きかける教育」の分かれ道はどこにあるのでしょうか。そのカギとなるのが、「発達の最近接領域」の概念です。「発達を先回りする教育」は、「発達の最近接領域」という概念を取り入れることによってはじめて実現するものなのです。私たちは「発達に応じた教育が必要だ」という言葉をよく聞きます。しかし、もし「発達に応じた教育」の「発達」の部分が、すでに自分一人の力でできる「現在の発達水準」のみを指しているとすれば、教育は発達に働きかけないどころか、発達の芽をつぶしてしまうことにもなりかねません。

ヴィゴツキーは障害児教育の次のような失敗例を取り上げて、「現在の発達水準」のみに照準を合わせた教育の危険性を指摘しています。当時のロシアの障害児教育は、抽象的な思考に弱さをもった知的障害のある子どもに対して、抽象的思考と結びついたものをいっさい取り除いた教育をおこなったそうです。そして、知的障害の子どもたちの得意な、直接見たり触ったりできるものに限定した直観的思考をベースに教育を展開しました。さて、その教育の結果はどうだったかといえば、子どもたちの中にあった抽象的思考のか弱い芽は押しつぶされ、今ある直観的思考がさらに強化されてしまったのでした。

3　ヴィゴツキー『思考と言語』新読書社、２００１年（柴田義松訳）。

別の例で考えてみましょう。人と関係を結ぶのが苦手な子どもがいるとします。だからといって、人と関わらずに済む課題や活動ばかりを与え続けていると、その子は人と関係を結ぶ糸口を失い、ますます今の状態が強化されてしまうでしょう。人と関係を結ぶのが苦手であるという現在の状態が、その子の永遠の姿ではありません。求められているのは、その背後にある子どものねがいの芽をくみ取り、外からの押しつけではない、その子なりの人との関係の結び方を一緒につくりだしていくことです。

これらの例からわかるように、「現在の発達水準」のみをとらえていては、その子が新しい自分になっていくこと—発達していくこと—を助ける教育は構想できません。もちろん「現在の発達水準」を正しくとらえることは大切です。しかし、それと同時に「現在の発達水準」の中に子どもの発達の芽—ねがい—を発見すること、すなわち「可能的発達水準」を探ることが不可欠です。子どもの「可能的発達水準」を見極めるからこそ、具体的な教育内容と教育手段を工夫でき、そうしてはじめて教育が発達に働きかけることが可能になるのです。

(5) 実践の中の発達評価

発達支援の実践現場では、子ども(対象者)の発達段階をとらえることを目的として発達検査を実施することが多いと思います。発達にはたらきかける実践をつくりだすためには、発達検査はどのように取り扱われるべきでしょうか。ずいぶん昔の話になりますが、私がはじめて発達実践の現場で発達検査を実施したとき、そのフィードバックの仕方をめぐって、違和感と言いましょうか、落ち着かない気持ちを抱いたことを覚えています。今から振り返ってみると、その違和感の中身は以下のようなものだったと思います。

ひとつは発達検査の目的についてです。発達検査は複数のテスト項目から機能別の発達指数が算出され、それをもとに機能別および全体の発達年齢が算出されるという構造をもっています。目の前の子ども（対象者）に発達検査をすると当然何らかの結果が得られるわけですが、そもそも何のために発達検査をするのか、私にはまだうまく整理できていなかったのです。子ども（対象者）の発達段階を特定して実践の課題を導き出すためなのだと理解して取り組みましたが、実践現場へのフィードバックはその発達段階に関するごく一般論的な課題の抽出になってしまい、まるで発達段階の枠に子ども（対象者）を当てはめているだけのような居心地の悪さを感じていました。

もうひとつは発達検査の機能別の結果をどう取り扱うかについてです。特に障害のある子ども（対象者）の場合、機能別の結果にかなりのデコボコが見られることも少なくありません。機能別の結果自体はその子ども（対象者）の現時点で得意なこと、苦手なことのあらわれと見なせても、全体としての発達段階はどのようにとらえるべきなのか。発達検査のマニュアル通りにすれば、機能別のデコボコをならした数値が全体の発達指数として算出されます。しかし、その発達指数が子ども（対象者）の発達のリアリティをとらえているようにはとても思えません。そうかといって機能別の結果を示しただけに終わっていては、発達を説明したことにはならないし、実践の課題も見えてきません。下手をすると、機能別の結果の低いところ（苦手なところ）をどのように補強するかというような話になって、検査課題が発達課題であるかのような解釈も生まれてきてしまいます。それが大きな悩みでした。

私が上記のような違和感を覚えてしまったのは、発達検査を実施して結果を算出することが発達評価だと勘違いしていたからです。発達評価とは本来、外から標準的ものさしで子どもを評定することではなく、子どもの「発達の芽—ねがい—」をとらえて発達課題を導き出すことです。だから発達評価は、「発達段階を構成する複数の機能間の横のつながり（機能連関）」と「発達段階間を連続的にとらえる縦のつながり（発達連関）」を扱う発達理論があってはじめて可能になります。それに対して発達検査は、あくまですでに成熟し終えた「現在の発達水準」を測るための道具にすぎません。発達検査の中に発達理論は内包されていないのですから、そもそも発達検査の結果だけからその子ども（対象者）の発達課題や実践課題が見えるはずはないのです。

では「現在の発達水準」を測るだけにとどまらず、「可能的発達水準」をも見極める発達評価をするには何が必要でしょうか。第一に、発達理論にもとづいて発達検査課題の意味をとらえ直した上で活用すること、つまり、発達理論を背景にもった発達診断をおこなうことです。第二に、子どもの姿にだけ焦点を当てるのではなく、子どもと周囲の人たちとの関係や子どもを取り巻く状況も発達評価の対象にすることです。ヴィゴツキーは「可能的発達水準」の説明をする際に「大人や年長者の助けを借りたなら」という表現をもちいましたが、実際の「大人や年長者の手助け」には、やってみたいと思う気持ちを引き出す環境設定や集団づくり、やったことが手応えとして積み重なる共感的な人間関係、難しい課題に取り組んでいるときの適切な助言やモデルの提示など、多様な形があります。つまり、日々の実践自体が、「現在の発達水準」と「可能的発達水準」のズレとしての「発達の最近接領域」を探り続ける営みなのです。発達評価は発達診断の場から実践の場へと一方向的に伝えられるものではなく、発達診断の場と実践の場がともにつくりあげていくものだという理解が大切だと思います。

2 「ヨコへの発達」から学び直すこと

(1) 映画『夜明け前の子どもたち』と発達保障思想

滋賀県の重症心身障害児施設びわこ学園を舞台とした『夜明け前の子どもたち』(監督：柳沢寿男、指導：田中昌人)は、発達と教育実践の関係を深く考えさせるドキュメンタリー映画です。第一びわこ学園の開園が１９６３年、第二びわこ学園の開園が１９６６年、そして映画の製作は１９６８年ですから、学園草創期の貴重な記録でもあります。

第一びわこ学園の母体となったのは、近江学園の中の重症心身障害児療育グループ「すぎのこ組」でした。映画『夜明け前の子どもたち』で展開されている実践の底流には、近江学園を設立した糸賀一雄(１９１４〜１９６８)の発達保障思想があります。

どんなに重い障害をもっている子も、だれととりかえることもできない個性的な自己実現を

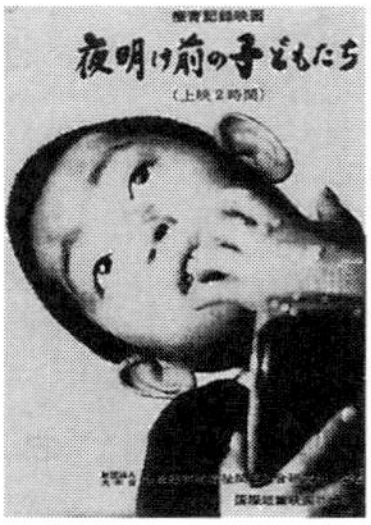

『夜明け前の子どもたち』
1968 年（120 分）
企画：財団法人大木会
心身障害者福祉問題総合研究所

しており、その自己実現こそが創造であり生産である。「この子らに世の光を」あててやろうという憐れみの政策を求めるのではなく、この子らは自ら輝く素材そのものなのだから、「この子らを世の光に」するようみがきをかけて輝かすのだ―糸賀のことばには、どんなに重い障害を抱えている人でも生まれながらに人格発達の権利をもっていること、そしてその権利は徹底的に保障されなければならないのだという思想が貫かれています。

また糸賀は次のようにも述べます。少し長くなりますが引用しましょう。

「障害をもった子どもたちは、その障害と戦い、障害を克服していく努力のなかに、その人格がゆたかに伸びていく。貧しい狭い人格でなく、豊かなあたたかい人間に育てたい。三歳の精神発達でとまっているように見えるひとも、その三歳という発達段階の中身が無限に豊かに充実していく生きかたがあると思う。生涯かかっても、その三歳を充実させていく値打ちがじゅうぶんにあると思う。そういうことが可能になるような制度や体制や技術をととのえなければならない。そのための一歩の実践こそが、すべての教育の共通の問題点ではないであろうか。[4]」

発達といえば一般的には「できることが増えていく」イメージがもたれますが、そういうタテに伸びていく発達だけでなく、ヨコに豊かに広がっていく発達もまた価値ある人格発達であるということが、明確に語られています。第1章でも指摘されていたように、「ヨコの発達」

4　糸賀一雄『福祉の思想』NHKブックス、1968年。

とは「その人のかけがえのない個性を豊かにつくりだしていくこと」なのです。

(2) 実践の決意

まず映画『夜明け前の子どもたち』の舞台となるびわこ学園の当時のようすを見ておきたいと思います。日本で養護学校教育の義務制を進めることが採択されたのが1971年、翌年から7年間の準備期間を経て、義務制が実施されたのは1979年のことですから、この映画が制作された1960年代には重い障害のある子どもは教育の対象外に置かれていました。びわこ学園はそのような時代背景の下、特に重い障害のある子どもたちに専門的な治療と教育をおこなうための療育施設として開園したのです。しかし、非常に限られた予算での運営を強いられて、教材費や人件費に十分な支出ができないことに加え、それらの厳しい条件が職員の心身の負担を増大させて、常に人手不足の状態だったといいます。

映画の中では当時の環境と先生たちの苦悩がリアルに描かれていますが、なかでも印象的なのがナベちゃんと紐をめぐるエピソードでしょう。第二びわこ学園の東病棟で生活しているナベちゃんは、知的障害と聴覚障害を併せもった男の子です。映像を見るかぎり、ホームサイン*的なものも含めてまだ言葉は獲得していません。手足に障害はないので行きたいところへ自由に行くことができます。飛び出していって事故に遭うかもしれないという心配から、ナベちゃんは長い紐で縛られていました。紐の一方の端をナベちゃんの腰に結び、もう一方の端をベッドの柵や柱にくくりつけて、紐の長さを半径とした範囲を動けるようにしています。もちろん

＊ 手話を習得していない聴覚障害者がごく身近な人との間で使用する身ぶりのこと。

子どもを縛ることは先生たちの本意ではないのですが、人手不足により目が行き届かない状況の中でナベちゃんの命にもしものことがあったらと考えると、「必要悪」として縛るという選択をせざるを得なかったのでした。

しかし、ナベちゃんは自分の腰の結び目を懸命にほどいて部屋から飛び出していきます。簡単にはほどけないようにさらに固く結ぶと、今度はもっと長い時間をかけて結び目をほどき、再び部屋を飛び出していきます。そういうことを繰り返していく中で先生たちは、紐を固く結ぶほどほどくのにかかる時間は長く、そして部屋を飛び出していく距離も長くなることに気づきました。飛び出していってほしくないから仕方なく紐で縛っているのに、紐で縛ることがかえってナベちゃんのエネルギーを飛び出していくことへと向けていたのです。

学園内では、紐で縛ることの是非について議論が続けられました。当時の十分ではない職員体制の中で、それまで続けてきた紐で縛るという安全策をやめるのは、いま想像するよりずっと勇気と覚悟の要ることだったと思います。紐を付けたまま動ける範囲を広くして、その中であそびを工夫していく方法だってあるんじゃないか、という意見も出ました。でも先生たちは議論の末に、紐をはずすという道を選んだのでした。

紐を解かれてみんなと一緒に園外に出たナベちゃんは、無軌道に飛び出して行ってしまうかと思いきや、重い肢体不自由の仲間の車椅子を押して歩き、広い原っぱで自由に駆け回り、そして最後にはみんなのところに戻ってきました。また、手押し車の方向を変えながら押したり引いたりする、器から砂をこぼしては止めるなど、道具を使った小刻みな行動をすることもわかりました。知らず知らずのうちにみんなが押し込まれていた「紐で縛る―ほどく」という枠組みから離れることで、少しずつナベちゃんの新しい姿が見えてきたのです。[5]
私はこのナベちゃんのエピソードから、実践の決意のようなものを感じました。紐の長さを半径とする円周内の世界からナベちゃんを解き放ち、外の世界でナベちゃんのもてる力を存分に発揮させてあげたいという思いはもちろんのこと、紐による安全策にあわせて実践を考えるのではなく、子どもの内なるねがいにあわせて実践をつくりだしたいという実践者の意思の表明がそこにはあったと思うからです。

5　田中昌人『復刻版　講座　発達保障への道①―③』全障研出版部、１９７４年。

(3) ウエダくんの「心の杖」

ちょうど映画の撮影期間中に、びわこ学園では石運び学習と呼ばれる園外療育活動が始まりました。学園に自分たちのプールをつくることを目標に、材料となる石を野洲川の河原から運び出す活動です。映画ではこの石運び学習のようすを丹念にとらえています。そこにはウエダくんという北病棟で生活している男の子が登場します。彼をめぐるエピソードは「ヨコへの発達」について深く考えさせてくれるものです。

ウエダくんはいつも手に紐を握っています。何をするわけでもなくただ握りしめているのですが、その紐がないと心が安定しないように見えるため、「心の杖」と呼ばれていました。ウエダくんが石運び学習に参加するにあたって先生たちは、石運び学習の中で「心の杖」を徐々に他のものに置き換えていけないだろうかとねがっていました。

まず園舎に紐を残して石運び学習に参加させてみましたが、ウエダくんは険しい表情のままなかなか作業に入っていけず、いつもの紐の代わりに革や帽子の結び紐を握り、まるで心の中で自分とたたかっているようでした。そこで今度は、紐を持つことと作業への参加の両方を保障しようと考えて、「石を運ぼう。運んだら紐をあげるから」と働きかけてみました。しかし、ウエダくんはまったく気乗りしない様子で、自分から歩こうとしません。先生に後ろから押されて渋々といった感じで石置き場に到着しました。石を運んだからということで約束どおりに先生が紐を渡しましたが、ウエダくんはせっかくもらったその紐を投げ捨て、石運びの缶も放り投げてしまいました。そして、園バスの中に閉じこもってしまったのです。先生たちはこの日の出来事を次のように総括しています。

　「心の杖」をただ他のものに置き換えることだけに一所懸命になってしまうと、ウエダくんは「心の杖」を「自動車の中に入る」という形で、自分よりももっと大きな世界を「心の杖」にしてしまう。そういうふうになってしまったんでは、北病棟を野洲川に作ってしまうことになるんじゃないか（以下、傍点は筆者による）。

試行錯誤の実践が続く中、映画には数日後の石運び学習のようすも記録されていました。ウエダくんはやはり「心の杖」である紐を持っていますが、紐を持っている状況が以前とは違っています。石運び学習が始まった当初は一人で紐を持って歩いていたのが、今は紐を持ちながら仲間と一緒に石を運んでいます。このウエダくんの姿は先生たちに、「心の杖の意味が変わっているんだ！　一人のときの杖ではなく、仲間と組むための杖に変わっている！」という驚きと喜びとともに受けとめられ、次のような深い考察をもたらしたのです。

　それだったら紐を持っていたっていいじゃないか。紐を持っているとその紐を外させようとするようにだけ私たちは見がちで、できないことをできるようにさせようとする。しかし、そのことによって相手の気持ちを無視して、できることすらできないようにさせてしまっていたのではないか。できることをいろいろな仲間の中でできるようにしていく。決まり切った関係の中ではなく、仲間を変えていく中で、仕事を変えていく中でやる。これが発達に働きかけていくことになり、それに取り組むことで私たちが子どもの見方を変えていくことができる、大切な方向ではないか。上に引っ張り上げようとすることで根っこが抜ける。そうさせてしまうんじゃなくして、「ヨコへの発達」ということを追求していこう。

「できないことをできるようにさせようとする、すなわち上に引っ張り上げようとすることによって、（発達の）根っこが抜けてしまう」という指摘には、発達と実践の関係を考える上で大きな示唆が含まれています。つまり、「できないことをできるようにさせる」という実践上の目標が子どものねがいに合致したものでなければ、発達に働きかけるどころか子どもの発達の力を抑え込んでしまうのです。

ウエダくんのエピソードでは、「心の杖」の紐を放せるようになることを目標にした結果、かえって「心の杖」へのこだわりが強くなり、以前より体も表情も固くなってウエダくんの世界を狭めてしまったようすが描かれていました。もちろん、いつも紐を握りしめているウエダくんに「いつか紐を放せるようになってほしい」「紐から自由になって自分の世界を広げてほしい」と思うのは実践者の自然なねがいです。しかし、そのねがいがそのまま「紐を放せる」という実践上の目標に位置づけられ、「紐を放せたこと」が実践の成果として評価されるなら、ウエダくんにとって実践は「紐を放せない自分とのたたかい」以外の何物でもなくなってしまいます。たとえ紐は放せるようになったとしても、紐を放した先のウエダくんがどのような発達的経験や発達的価値を得られているのか疑問です。

「タテの発達」が「できないことができるようになる」という結果で表されるのに対して、「ヨコへの発達」は子どもが今の自分の力をいろいろな場面で精一杯使うことをとおして手応えを感じ、人間関係を築き、また新しい課題を発見する過程そのものです。「仲間を変えていく中で、仕事を変えていく中で」できることの深みが増し、それが子どもにとって貴重な発達的経験となり、新しい「発達の芽―ねがい―」が育つ土壌がつくられるのです。

先に引用した糸賀の言葉を、障害のある子どもは「タテの発達」が難しいから「ヨコへの発達」を追求するのだというふうに理解するのは正しくありません。「タテの発達」が難しいからせめて「ヨコへの発達」を充実させようではなく、障害のあるなしにかかわらず、まず「ヨコの発達」を充実させていく中で「タテの発達」も生じてくるというのが、発達の真実ではないかと思います。

ところで本章の前半で言及したヴィゴツキーの「発達の最近接領域」は、大人や年長者の手助けによって子ども（対象者）を上へ上へと引っ張り上げようとするものではないかとよく誤解されます。おそらく「現在の発達水準」と「可能的発達水準」を説明する際にヴィゴツキーが使った例（＝「現在の発達水準」が7歳の子どもの「可能的発達水準」は7歳とは限らず、両者のズレが発達の最近接発達領域であるとするもの）が、「タテの発達」を志向しているという印象を生むのだと思います。しかし、「発達の最近接領域」の概念のもっとも重要なポイントは、「大人や年長者の手助けによって子どもは今とはちがう姿を見せてくれる」ということにあります。「ヨコへの発達」の追求における「できることを、決まり切った関係の中ではなく、仲間を変えていく中で、仕事を変えていく中でやる」ことは、まさに子どもの新しい姿としての「可能的発達水準」を、子どもとともに探る試みだといえるでしょう。

（4）実践者の発達と実践の発達

映画『夜明け前の子どもたち』には、子どもたちの発達と同じかそれ以上に、実践者の発達が描かれています。ウエダくんに紐を放せるようになってほしいとねがっておこなった働きかけは、結果的に彼を石運び学習の場にいられないようにしてしまいました。その「失敗」を経て先生たちは、「紐を放せるようになってほしい」という自分たちのねがいが、ウエダくんの発達にとってどういう意味があったのか問い直します。そしてそういう問い直しをしたからこそ、「心の杖」の紐は放していないけれども、「心の杖」に支えられる活動の中身が変わってきているということに気づいたのです。この経験をとおして、「心の杖」を早く放せるように働きかける方向から、自然に「心の杖」を必要としなくなるまで待ちながら活動内容を充実させていく方向へと、ウエダくんの発達に働きかける視点が修正されていきました。すなわち、発達の成果として目に見える変化を急いで求めずに、子どもの心の土台をじっくりと育てようという方向性が確認されたのです。そして、子どもの発達にとって「心の杖」のもつ意味も捉え直されました。

これらのエピソードには、実践者である先生たちもまた、実践の中での子どもたちとの出会いをとおして、自分のそれまでの見方を超えて新しい見方を発達させていることが示されています。何をもって「できる―できない」と見るのか。何をもって「発達している―停滞している」と見るのか。「ヨコへの発達」を支える実践づくりは、「ヨコへの発達」とは何かを発見していく過程でもあったといえるかもしれません。

私たちは今まで育ってくる中で多かれ少なかれ、外から与えられた能力主義的な「できる―できない」のものさしを当てはめて、優劣を判断する見方を身につけてきています。「ヨコの発達」を充実させていく教育実践に取り組むには、その内面化されたものさしを外して、新しいモノの見方ができるめがねを手に入れ、目の前の子どもたちとの実践の中で磨いていくことが必要です。

教育実践の中で発達するのは子どもだけではありません。子どもが発達するときには、大人と子どもの関わり合いも発達しています。そして実践者の発達は実践の発達につながり、実践の発達は子どもの発達につながっていきます。そのようなよい円環にもとづいた教育実践をおこなうためには、実践者の発達を保障できる現場づくりもまた重要な課題となるでしょう。

子どもの「問題行動」を発達的に理解するとは？

竹脇真悟

1 「問題」と思われる行動の裏にあるねがいとは

全障研では「発達」を大切にしていますが、文部科学省の文書の中にも発達という言葉が登場するように、発達という言葉はいろいろな意味で使われています。その多くがたとえば立つことができるようになる、話すことができるようになるなど、ある特定の能力を伸ばすこと、できることが増えていくことを「発達」と解釈しているように思います。はたして「発達」とはそれだけの意味しかもたないのでしょうか。障害をもつ人たちの様々な行動の意味を発達的に理解するとはどういうことなのか、みなさんと考えてみたいと思います。

（1）できることを増やすことが発達につながらないこともある

個別の指導計画が義務づけられてから、指導計画を立てる際に、細かく実態を把握して、そこから子どもにどんな力をつけさせるべきか課題を見いだすようになりました。支援する側は、生活の各場面において、どんなことに困っているのか、どんな力をつけるとよいのかを熟慮し、熱心な人ほど長い時間をかけて細かくていねいに実態把握を行って計画を立てています。しかし、各場面でできないこと、できてほしいことを列挙していくうちに、その子の個々の課題に視野が狭まり、全体の課題とのつながりが見えなくなってしまうことがあるのです。

身辺自立の課題を例にとって考えてみます。朝の課題だけで考えると、「一人で着替えができるようになる」という目標が立てられ、毎朝学校で着替えに取り組むことになります。身辺自立に焦点をあてた目標では正解です。私も身辺自立はできるだけ自分でできた方がよいとは思いますが、その子の生活全体から課題を考えてみると、別の課題を選択した方がよい場合があるのです。

たとえば自分で着替えをすると20分かかってしまう子がいるとします。20分かけても「自分でできた」という実感ができ自信が広がることもあると思います。しかし、小学部の6年間毎日がんばってもせいぜい3分ほどの短縮しかできない、あるいは緊張が高まってかえって時間がかかるようになるといった障害の状況であるのなら、生活全体とのバランスを考え、自分でも着替えはできるけれどもあえて人に頼んで3分で着替えを済ませ、残りの17分を友だちとの自由遊びに振り分けるという考えをした方が豊かな感情を育めるのかもしれません。このようにそれぞれの生活場面でできないことをできるように取り組むことがその子の発達を促すかというと、必ずしもそうならないことも多いように思います。「身辺自立の課題」としていねいに考えることが、支援者の視点を狭めてしまうということもあるのです。

(2) つけさせたい力は本当にその子のねがいなのか?

支援者の側から見て、この力が獲得できればよいのにと思うことはたくさんあります。もう少しでできるかもしれないとなると、本人よりも周りの大人が躍起になってしまい、時には「特訓」してまでもがんばらせたいという思いが高まることもあります。そんなときにぜひ考えてほしいのが、その力を獲得することでその子の生活がどのように変わっていくのかという視点です。障害をもつ子どもの場合、機能を高める取り組みが、大人側の視点や思いが優先して取り組まれることが多いように思います。個別の指導計画の作成が定着するなかで、その傾向が年々強まってきているように思います。障害をもつ子の場合、教員などが細かな手立てを工夫して取り組みを進めると、できることはたしかに増えていきます。しかし授業などの活動の時にはできるのですが、生活の中でその力を発揮できていない、似たような違う場面に応用できないということがよくあります。例えば、身体の取り組みの時間にはあぐら座になることができるのに、生活の場面では自分からは抗重力の姿勢をとろうとせず横になっているケースや、「おはよう」「ありがとう」などあいさつの取り組みでは、大人から言わせようと話しかけるとそれに応じて言葉を発するのですが、廊下などで出会ったときに自分からあいさつできないケースなどがまま見られます。注意すべき点は、障害をもつ子どもの教育において、大人が設定する場面では「できる」ことが増えていくにもかかわらず、その子の日常生活には何ら響いていないという乖離状態がおこりやすいということです。本人が「座りたい」「しゃべりたい」とねがう気持ちをどう育てるのか、そして生活の場面で自分から思わずやりたくなってしまう活動をどう工夫するのかが、支援者の知恵の絞りどころなのです。

(3) できなくても豊かに人生を送ることができることもある

歩けなければ歩いてほしい、何でもいいからしゃべってほしいと思うのが親心。育ちの中で順調に力を伸ばしてほしいとねがうのは間違っていません。「できることが一つでも多い方が幸せ」という現代日本の子育て感が、障害をもつ子どもを見るときにも、少なからず影響を与えています。つまり「少しでもよい高校、大学へ」と受験のための教育が加熱しているように、「将来に困らないために」一つでも多くのスキルを身につけさせることが障害をもつ子どものためであると思い込まされているところがあります。また「専門家」と呼ばれる人たちのなかには、効率よくスキルを身につけさせることに長けた「○○療法」を学び実践している人もいます。これらの取り組みで注意しなければならないことは、実際の生活とのつながりが薄れてしまいがちで、スキルを身につけることが最終目的となってしまいかねないという点です。たしかに歩けないよりは歩ける方がよいとは思います。しかし場合によっては、「歩かないなかで人生を豊かにする方法を考える」という選択もあり得るのではないかという発想の転換が必要だと私は思います。

歩行練習に一生懸命に取り組んでいる子を例にして考えてみます。その子は、長い時間を費

＊ 第2章P47（3）ウエダくんの「心の杖」参照。

やして努力を重ね、何とか歩けるようにはなったものの、バランスを保ちながら何とか歩くのが精一杯です。しかも教室の移動もみんなについて行くのがやっと。倒れないようにということに注意がいってしまうために景色を楽しむ余裕もありません。大人の側は、それでも〝今〟がんばってもう少し上手に歩けるようになれば、じきに景色を楽しむ余裕も出てくると考えて、多くの時間を割いて必死で取り組みを続けています。このケースで考えを変えてみましょう。歩くことはできるけれども車イスで活動してみると、これまで歩行に費やさざるをえなかった気持ちを周りの活動に向ける余裕が生まれます。子どもの認識やコミュニケーション力を育てるには、車イス移動の方がよいという場合もあるのではないでしょうか。何でもかんでもできるようにがんばるということがよいのではなく、景色やコミュニケーションを楽しむための時間を充実させるために移動は車イスにして時間を短縮するという選択もありうるのです。中学部や高等部の生徒や青年期・壮年期の仲間の課題を考える時に、今獲得できている力を豊かに太らせることを考えるということはとても大切な視点となるはずです。

(4) 発達課題は一人ひとり違うもの

発達を知ることは、その子の認識がどのくらいの力があってどんな課題があるのかを知る手立てになります。しかし、その子が〇歳レベルにあるということがわかっても、それだけではその子の本当の課題は見えてきません。よく見られるのが、発達を促す取り組みと称して、発達検査の課題を繰り返し訓練して、検査課題ができるように取り組みをするというものです。

発達の支援は、検査で示されている指標を一つひとつクリアすれば次のステージに進むというものではけっしてありません。「○○療法」のように一律に取り組み方が確立しているのではないのです。その時期にまわりの世界の認識のしかたの特徴をつかみ、どんなことにつまずきや葛藤を抱きやすいのか、障害によってつまずきやすい壁を理解しながら取り組みを工夫していくことなのです。発達的に同じ時期にいる子どもは皆同じような問題を抱えているのかというとそうではなく、一人ひとり課題は違っていて、壁を乗りこえる道も一つではなく多岐にわたっています。子どもの姿を発達的に読み解くということは、表面上の困難さだけにとらわれず、困難さの原因が必ずあるという視点をもって、その子がどんなところにつまずき発達が滞っているのかを分析し、仮説を立てて取り組むことによって、その子が自分の力でうまく育っていくことができるように環境を整えていくことなのです。

2　発達をとらえる三つの視点

全障研では、子どもの発達課題をとらえるときに、「障害」「発達」「生活」の三つの視点から多面的に考えることを大切にしています。

(1)　障害

それぞれの障害には、その障害によって起こりやすい共通の特徴があります。それを「障害特性」と呼びます。障害をもつ人とかかわる場合には、その人の障害がどのようなものなのかその障害特性を知ることがとても大切です。障害特性がその人の生活に多かれ少なかれ影響を与えており、発達や感性などの形成に深くかかわっているからです。しかし障害からくる共通の特徴としてあげられる点については、人によって現れ方に差が大きく、日常生活に支障のない程度から、生命活動にも影響を与えるほどに重度のものまで様々です。ダウン症のお子さんの例でも、大学進学するような子から、脳性麻痺を伴い人工呼吸器などの医療機器が手放せない最重度の子まで様々です。今はインターネットなどが普及し、障害について気軽に調べられるようになってきました。医療関係者や障害当事者が障害に関する情報を載せていますので、検索して調べてみることも必要です。詳しく知りたい場合には、直接ご家族の方から教えていただいたり、主治医の診察に同伴させてもらってアドバイスを受けたり、書籍などで専門的に知っていくこともよいかと思います。障害に対する科学的な基礎知識をもって接することが基本です。

また障害ごとに、現れやすい合併症や、成長に伴う二次的な障害、老化に伴う機能低下が現れることがあります。障害の状態を重くしないために、障害ごとの特徴を知っておき、退行の兆候などを早めに察知して、医療機関との連携を図ったり、適切な時期に医療的な処置を受けたりするなどが大切となります。

(2) 発達

詳しくは前の2つの章を参照いただき、ここでは「問題行動」と発達の関連について触れます。子育てや教育活動を進めていると、順調に進む時期と、なんだか育てにくくなる時期があります。育てにくくなる時期は、大人からすると困ったことを多くするようになったり、自己主張が強くなったりと手を焼きます。出口のないトンネルに迷い込んでいるかのように感じて心理的にも苦しくなります。しかし悪戦苦闘の日々を重ねると育てにくさが軽減し、「この子変わったね」「成長したね」と感じる点が見えるようになります。こうした「育てにくい」時期を後から振り返ってみると実は次のステップに移るための大切な時期だったとわかることがあります。発達における矛盾は質的転換期にこうした葛藤の姿を示すことがよくあるのです。本人が自覚する自覚しないにかかわらず、子どもの心の中で「こうありたい」とねがうことと現実の生活や実際の自分の力とのズレを感じて、葛藤が高まりもがいている姿なのです。だからこそ思うようにならないことに苛立ち、自暴自棄になったり、他者への攻撃になったり、ある行動に固執したりといった行動が表面に現れるのだと思います。その不可解とも感じる行動への理解を深めるためには、発達の考え方が鍵になってきます。誰も「問題行動」を起こしたくて起こしているわけではないのです。またなぜイライラするのか本人もよくわかっていないことも多いのです。「問題行動」を起こさせないことに躍起になって取り組むのではなく、育ちつつある力を理解し、本人が矛盾と葛藤を自分の力で乗りこえていけるようにかかわる側がのんびりかまえ、一緒に歩もうとする姿勢で取り組みを進めることが大切なのです。

(3) 生活

障害をもつ人々も、日々の生活の各場面から様々な影響を受け、またそうした場面への理解を拡げながら生活しています。その子のおかれた環境が発達に与える影響はとても大きなものがあります。ご家族の障害に対する受容や子育てに関する考え方、きょうだいの有無や祖父母との同居、住環境や経済状態、福祉制度の利用状況など、その子を取り巻く環境を検討することが大切です。同じ障害をもつ親同士の輪を拡げ、親と障害の理解を共有することで、「がんばらねば」と力の入っていた肩の荷を下ろすことができるかもしれません。そのことで子どもへの接し方が変わり、焦らずにおおらかに子育てができるようになったという例もあります。親も子どももとの関係づくりに試行錯誤を重ねています。そのなかで子どもとのかかわり方がうまくいかずに親子ともども負のスパイラルに落ち込んでしまっている場合が往々にしてあります。親も子育ての中から学ぶ過程にいるのだという認識をもち、時には学び直しができるように支援していくことが必要です。

また、○歳になって話し始めた、幼少期に入退院を繰り返し思うように療育を受けられていなかった、○○園の療育で友だちに興味が出てきたなど、これまでどのような環境の元で育ってきているのか、どこでどんな支援を受けてきたのか生育歴を知ることも大切です。

現在の生活を知ることも大切です。例えば、学童保育でうまくいかなくなっている原因を探ろうとする場合、その原因が学童の生活の中にある場合も多いのですが、学校での運動会の時期に重なっていたり、親子関係がうまくいっていなかったり、生育歴でつまずきを引きずっていたりするなど学童以外に原因があるということも考えられるのです。逆に学童では素の自分が出せる関係づくりができている、ありのままの自分を受け止めてもらえる安心感ができているからこそ、逆に「問題」とされる行動が表に出てくるということもあり得ます。学校で一日よい子でがんばってきた緊張の糸が緩んで、学童でわがままが出ているととらえると、「問題」とされる行動の解釈も違ったものになるのではないでしょうか。〝ちゃんとさせたい〟大人の気持ちもわかりますが、その子の気持ちにより添うためには、表面上の行動をなくそうとするのではなく、そう振る舞わざるを得ない子どもの思いを探ることが大切です。

「問題行動」は、その場で原因を探しがちですが、例に挙げたように実際は複雑です。学齢期の子どもは「学校」「学童」「家庭」と三つの生活拠点があるからこそ、他の拠点でのことが「今」に影響する場合もあるのです。また生育歴をたどってみると、不適切な指導を受けていたり、家庭での虐待があったりと、過去に受けた経験が「今」に影響していることが推測できることもあります。子どもは自身を取り巻く環境から、大きな影響を受けて生活をしています。このように子どもの問題を多面的に検討することが大切で、子どもの不可解な行動の訳を理解するヒントが得られる場合もあるのです。

3 内的要因と外的要因を考える

障害をもつ子どもも、もてる力を精一杯つかって人や環境にはたらきかける中で学び、自分を創っています。障害によって発達がうまく進まない原因を探る場合に、その子自身の問題（内的要因）のみに視点をあてるのではなく、その子を取り巻く環境（外的要因）にも視点をあてて分析する必要があります。「問題行動」は、内的要因と外的要因が絡み合いながらその過程で起こってきます。

（1）子ども自身の問題（内的要因）

障害をもつ子どもは、疾病や発作などの生理的な要因によって不快感や痛みを伴っている、呼吸障害があってうまく呼吸できない、薬の服用により脳の活動レベルがおさえられている、視覚聴覚に障害を負っている、睡眠リズムが確立できず日中でもとろとろ眠ってばかりいるなど発達を支える生理的な基盤が弱いことが多いのです。そうした基盤の弱さが外に向かう気持ちを萎えさせて、内向きの志向をつくりだしていることもあります。原因を探り医療機関とも連携を図りながら、基礎的な体力を向上させる取り組みの中で生理的な基盤を充実させることが大切です。

知的障害も行動に影響をおよぼしています。外界をうまく認識できないから誤った理解のもとで行動せざるを得ないのです。また授業などの取り組みの中で人からどのように見られているのかを理解できるようになったがゆえに、自分のできなさを感じてしまう時間となってしまうこともあります。意欲をもってがんばろうとしていても、何度やっても友だちのようにできないと、失敗経験の積み重ねが、「ぼくなんて必要ない」と自己否定する気持ちの形成につながり、活動からの逃避や妨害行動などのマイナスの姿として現れる場合があります。また知的障害をもっていると自我の形成が未熟なまま「できること」が増えていくことがあります。授業など大人が設定する活動の際には、とても積極的で〝よい子〟なのに、休み時間など「自由」な時間になると何をしてよいのかわからずボーッとしてしまう、休日は自分の部屋にこもり好きな絵本をめくり続けているだけなどがその例です。授業場面ではできそうなことを課題にしているので大人の支援によってできることは増えていくのですが、活動の中で、「やりたい」という意欲や「なんでやるのか」という目的の理解が培われないまま形だけ育ってしまっている姿です。元気に問題行動を出してくれる子には、どうしたらよいのかと大人の目がいきますが、こうした一見積極的で素直に見えるおとなしめの子にも、発達的な課題はあります。〝イヤ〟ということを伝えられるようになる、やりたいと思える気持ちの根っこを育てるという、自我の形成の課題があるのです。しっかりとした自我が形成されているのかといった観点からも自分づくりの支援を考え、大人から見て「問題がない」から課題はないのではなく、どの子にも発達的な課題があるととらえていくことが求められているのです。

（2）取り巻く環境の問題（外的要因）

支援者はともすると子どもの問題をその子自身の弱さや障害に原因を求めようとする傾向が強いのですが、実は発達をとどめている要因の多くは、子どもを取り巻く環境側の問題から発生しているということを認識する必要があります。「生活」の項でも触れましたが、家庭環境や生育歴を知り、家族の思いに共感しながら、その子の家族を支援するという視点が大切です。

お友だちを噛んでしまう子の場合、噛まないようにするにはどうしたらよいのかと、その子の対応について悩みがちです。友だちと一緒に行動する力が弱い、言葉がうまく表現できないなど、その子どもの内的な要因があることは事実です。しかし、噛んでしまう背景に外的要因が大きく影響していることも多いのです。日課がわかりにくいので次が不安、クラス集団で楽しめる遊び文化がない、課題ばかりが追い求められる余裕のない日課、個別の対応ばかりで育ち合う関係づくりができていない、教員の人数が手薄、教員との共感関係がつくれていないなど、外的要因をその子に合わせて調整することで、落ち着いて過ごせるようになることもあります。このように外的要因を検討し、改善することが、発達の環境的基盤を太らせるのです。

また、近年、特別支援学校の過密過大化が問題になっていますが、子どもたちが人として学び成長するための施設設備が十分整っていない場合には、発達が停滞するのも当然のことです。養護学校義務制実施（１９７９年）などを経て、今日では障害の重い子どもも教育を受けることが「当たり前」になりましたが、それも障害をもつ子どもの発達をねがう人たちの連帯と行動によって長い年月取り組まれた結果です。発達を阻害している社会的な要因を一つひとつ解決する活動が大切です。その子に直接はかかわらないかもしれませんが、障害者関係団体と連帯しながら、教育・福祉の制度を充実させることが、遠回りになると思われるかもしれませんが、子どもの発達のベースとなる社会的基盤を太らせることにつながるのです。

4　実践のなかで大切にしたいこと

(1) 障害はあっても〝子ども〟にかわりはない

障害をもつ人とかかわっていると、「困った行動」の原因をすべて障害に結びつけて理解しようとする思考がはたらきかねません。しかし、障害をもつ人も一人の人として、おっとりしていたり、そそっかしかったり、短気だったり、楽天的だったりと様々な性格をもっています。同じことを支援しても受け止め方はその人によって変わります。また子どもは特に成長期であるので未経験なことも多く、新しいこと、知らないことに関して不安や尻込みをしやすいものです。また楽しいと思ったこと、何だろうと不思議に思ったことに素直に反応して行動してしまうので、同じ失敗を何度でも繰り返すこともよく見られます。「わかっていても反応してしまう、それが人間なんだ」というおおらかな気持ちをもって接することも必要です。小学校低学年頃までは、障害のない子どもたちを見ても、もう一人の自分の確立が未熟なために、一呼吸おいて考える余裕がまだなくて、パッと思いついたことに飛びついてしまうものです。また親しい人だからこそ甘えがでてしまう、ずるさをだしてしまうのも、子どもの特徴で、大好きな人の気を惹きたくてわざと悪いことをするということもよく見られます。

(2) 行きつ戻りつしながら育っていく

生活の中で大人は、一度できたことは、毎日コンスタントに発揮できるもの、すでにできることとして、〝できて当然〟という目で見てしまいます。むしろやらないことはその子のサボりとまで見えてしまうものです。こういった思い込みも取り組みを窮屈にしてしまいます。「なんでできないの」とつい口に出てしまいがちですが、人の行動は、パブロフの犬*のように、刺激と反応で生まれるわけではありません。生活の中では〝がんばること〟が美徳で、甘えてやらないことはゆるされないといった価値観が、特に学校現場など「指導の場」では、見えない規律として流れているように感じます。

やることはわかっていても何となくやりたくない、体調がいまいちでできない、前回ちょっと失敗したから自信がない、さっきやりたいと言ったのに当ててもらえなかったから今はやりたくないなど、私たちは、人とのかかわりの中で様々な気持ちを抱きながら活動しています。子どもたちも同じなのです。常にもっている力を100％発揮させようとする気持ちを抑え、「今は〝赤ちゃん〟だからおんぶしてあげるね」「今日は手伝ってあげるよ」などと一人でできることも時には手伝ってあげる、甘えさせてあげる、ご褒美をあげるといった余裕をもってか

＊ ロシアの生理学者パブロフが、犬に鐘を鳴らしながら餌を与え続けた後、鐘を鳴らすだけでよだれが出てくる条件反射を1902年に発見した実験から、「ある刺激を与えると、決まった行動がおこる」条件反射の現象を「パブロフの犬」と比喩するようになった。

かわることが肝要ではないかと思います。そんな余裕がもてると、大人のひざを借りながら時に120％の力を発揮できるミラクルな日にいつしか出会える確率が高まるかもしれません。しかし現実はそう甘くはありません。指導目標を達成させようという気負いが空回りしてしまって、さらに子どもとの関係がぎくしゃくする悪循環に陥ってしまうことが多いのではないでしょうか。毎日を見てみると、お互いにぐずぐずで、ちゃんとできるときの方が少なくて、大人の思いだけが先行してしまって〝のれんに腕押し〟の状況が続いてしまうものです。「できなくてもともと、できたらもうけもの」「明日はできるかもしれない」など、私たちが肩の力を抜いて構える工夫をしながら向き合うおおらかさをもちたいものです。

(3) 障害をもつ人たちも自分の人生を豊かにしたいとねがって生活している

どんなに障害が重くても、子どもたちは人生を楽しみたいという気持ちをもっています。しかし元々ハンデをもっている子どもが今の自分のもてる力を使って外界とかかわって〝楽しいこと〟を探しているので、私たちが楽しいと思う価値観の範疇に入らない行動も生まれます。視覚障害のある子が首を前後に揺すってロッキングしていたり、自閉症の子がミニカーの小さなタイヤをひたすら回し続けていたりする姿も、その子どもなりにものとのかかわりの世界を楽しんでいる姿と理解することが必要です。自己刺激に没頭する姿から脱出させてあげたくて、大人の価値観で楽しいと思う「遊び」を、大人が誘って活動させようとするのですが、当の子どもは全然楽しんでいない。活動が終わるのを待っていたかのように終わるとすぐに元の行動に戻ってしまう、暇なときにはずっとその行動を繰り返しているなど、大人が望むように遊びが広がらないという姿もよく見かけます。しかし今の姿はその子がよい生活を求めて試行錯誤してきた結果であるという見方で理解することも必要なのではないでしょうか。聴覚優位でなかなか見る力が伸びないという子どもでは、いろいろな音を工夫したり、オノマトペ*のおもしろさを絵本で体験したりと、聴きながら楽しむことを豊かにしていくなかで、見てみたいという気持ちが聞きたいという気持ちにつられて育ってくることがみられたり、紙をヒラヒラさせるだけの常同行動を繰り返す子どもでは、ヒラヒラを大切にしながら新体操ごっこに発展させて、友だちとのかかわりが豊かに育った例など、その子の「今」の興味関心を大切にして、大人がそこに近づき楽しみを広げる取り組みを工夫したことが、子どもの心に響いていくという実践もあります。「楽しい」「もっとやりたい」と思うのはあくまでも子ども自身の感性なのです。一緒に活動を重ねていく中で自分をわかってくれる大人の存在を子ども自身が感じたとき、心の間口が大人に向かっていきます。この人といると心地よい、何か楽しいことが起こるかもしれない、そんな気持ちを子どもにじっくりと育てたいものです。

間違ってはいけないのが、発達を大切にすることは、子どもに無理強いさせず子どものやりたいことをただ見守っていることだという短絡的な理解をしてしまうことです。右記の例でも、ただ子どもの好きなようにさせて育てたのではなく、大人が子どもの世界を大切にして、まずはそれを十分保障しつつ、遊びを拡げるための取り組みがあったからこそ、その子の心が外に向いていったのだということなのです。

＊ onomatopee：フランス語で「擬声語」の意味。日本語は多種のオノマトペがあり、「トントン」「ウントコショドッコイショ」「ベチャベチャ」「ドキドキ」など音や様子、動作、感情などを簡潔に表現できる。絵本の響きやリズムを伝える重要な役割を果たす。

（4）心ふるわせる文化と出会う喜びを

子どもはまだ経験していないがゆえに何がおもしろいのかがわからず、そのために特定の行動を繰り返しているということもあります。子どもの世界を大切にしたいといって新しいことに取り組まない方がよいというわけでもありません。長く読み継がれている絵本や、躍動感のある民舞*、ギターなど楽器を演奏しながらのうた、触れ合い遊びなど、新しい活動に出会い、それを味わうことで、次第にそのおもしろさをわかっていくということもあります。全障研の全国大会や各種の実践交流会などに参加し、優れた実践から学ぶとともに、大人も様々な文化に触れる中で、「これを子どもとやったら楽しいだろうな」というものを見つけて取り組むなど、子どもとともに大人も楽しめるようなおもしろい取り組みを探していくことが大切です。子どもが新たな文化に出会えたときには、遊び心がくすぐられ、興味の目が輝くことでしょう。そんな瞬間に出会えると、大人もワクワクする気持ちが心の底からわき上がってきて、子どもと活動をともにするのが楽しくなります。私は、「子どもを楽しませるためにはどうしたらよいか」ではなく、「子どもと一緒に楽しめる活動はないのか」という感覚を大切にしています。大人が楽しいと思える活動でないと子どもの心には響かないと思っています。ある活動をしたときに、大人自身が「ああ楽しい時間だった」「もう一回やってみたい」そんな思いを抱けたかどうかも評価基準に加えてもよいのではないかと思っています。そんな思いを抱けたなら、「こんどは子どもたちと何をやろうか？」という〝いいもの探し〟の意欲が高まってきて、教材探

＊　日本の各地に古くから伝えられてきた「踊り」や「舞」のことをさす。地方ごとに祭りなどで踊られている。教育現場では、学校の立地する地域の民謡や「ソーラン節」「荒馬」など、笛や和太鼓のリズムに合わせてみんなで踊る。運動会や文化祭での発表演目となることが多い。

しにも熱が入るようになります。

(5) 不安に寄り添う

得体の知れないこと、新しいことに挑戦するためには、それを乗りこえようとする気持ちの高まりが必要です。指導場面では、「できる」成功体験がほしくて、「大丈夫だよ」「平気だから」と背中を押すことのみに目がいきがちになります。大人から見たら何でもないことにも、子どもは踏み出しきれない大きな壁を感じていることがあります。やらなくてはいけないことはわかっていてもその一歩がなかなか難しいという心の葛藤は誰でも抱くものです。「みんなと同じことがしたい」「がんばりたい」でも「できない」。そんな葛藤の姿を子どもの中に見ることができるかどうかが大切なのではないでしょうか。〝大丈夫〟は大人が決めるのではなく、子ども自身が決めるのです。子どもの判断が〝今日はやらない〟〝やりたいと手を挙げたけどやっぱりできない〟となっても、「○○するとできるかもね」「明日はがんばれるかな」など、踏み出そうとする気持ちが育つのを待ち、時には活動を見守るだけの日を設けてもよいというような姿勢を子どもに伝えたいものです。

(6) 失敗を受けとめる温かさ

障害をもつ子どもも小学部高学年あたりから、うまくいかないのは自分の障害からくるものだということを何となく感じるようになってきます。「問題行動」をなくすことに躍起になってしまい、「なんでできないの」「またやってしまったの」と叱責が続くと、〝できない自分は×、できる人は○〟という意識をまねきやすくなります。「みんなから馬鹿だと思われている」「ぼくなんていない方がいい」と育ちのなかで自分をマイナスにとらえてしまうようにもなります。どの子にも「できるようになりたい」気持ちはあります。できない現実ばかりではその気持ちも萎えてしまいます。今の君の中にも輝いているところ、良いところがあることを知らせることが、自分への自信にもつながります。子どもの悲しみを理解し、失敗は多いけれども成功を信じて一緒に歩もうとしていることを子どもたちに感じさせる取り組みにしたいものです。

(7) 友だちの中でこそ生きる力が発揮される

効率が求められる社会的背景の中で、〝個〟に視点をあてて問題を解決すべきだと、個別の取り組みの充実があたかも専門的で豊かな教育であるかのようにとらえられているように思います。私は、どんなに障害が重くとも子どもの育ちにおいて子ども集団の果たす役割はとても大きいと感じています。噛んでしまう、叩いてしまうからその子に近づけないという対応をするのではなく、間違いやトラブルもおこすかもしれないけれども、質の高い文化的な取り組みを工夫する中で、一緒に取り組む楽しさや、友だちがやるから自分もやりたい、友だちのようにやってみたいなど、人とかかわりたい気持ちの育ちを土台に据えながら、問題とされる行動が軽減できるように取り組みたいと思います。

（8）回り道こそ近道になる時がある

偏食のきつい子どもも、心のよりどころとなる教員ができる、好きな遊びで遊びきるなど集団的な取り組みに気持ちが向かうようになる頃に、偏食が軽減してくるということをよく経験します。また白ご飯しか食べられなかった子も、二次性徴を向かえる中学部前後になると、身体が欲するのかパクパクと何でも食べるようになったと、幼少期の偏食がうそだったかのように変わることを経験します。「偏食を治したい」と短期的な視点だけで子どもに無理強いをしてしまうとかえって偏食が治らない場合もあります。まずは一緒に食べられる安心感を育てることが大切なのではないでしょうか。発達はいろいろな力がより合わさって一本の縄が編まれるように進んでいくものです。偏食への取り組みも、食事という直接の指導場面からだけでなく、人とかかわる力、ものとかかわる力など他の面を充実させることで解決できることがあるのです。また担任したその1年で何とかしようと短期的な視点で取り組むのではなく、小学部6年間であるいは高等部までの12年間と長期的な視点で課題をとらえ、子どもの変容を見通していくことが大切です。

（9）子どもはゆっくり育つもの

作業所の取り組みの中で、強度行動障害の仲間も、その人の気持ちに寄り添う地道な取り組みを20年30年と進めていくと、仕事をがんばり、生活を行い、仲間との余暇を楽しむことができるように発達することがわかってきています（詳しくは『みぬまのチカラ』全障研出版部）[1]。どんなに重い障害をもっていても、生涯をかけて豊かに発達するのです。通園施設や学校など在籍する年限が限られてしまうと、〝次に行っても大丈夫なように〟と卒業するまでに何とか完成させたいという思いが実践に反映してしまいます。特に高等部の実践の場合には、「社会に出ても困らないように」と、「職業訓練校」や「予備校」のように次に必要とされる力は何かと、社会適応力を高めることに力を注ぎがちになっています。作業所の取り組みからいえることは、学校の期間だけで考えるのではなく、長い人生の中で課題をとらえ次の場へバトンタッチしていく視点をもつことの大切さです。将来困らないために今の取り組みを考えるのではなく、高等部の生活の今を充実させることで、〝自分づくり〟を応援し明日に向かうエネルギーを蓄える活動が必要なのではないかと思います。どう取り組んでも変わらないように思われる問題行動も、長い年月の取り組みで必ず変わっていきます。障害をもつ人たちは、ゆっくりとだけれども確実に育つのです。

1　みぬま福祉会30周年記念刊行委員会『みぬまのチカラ～ねがいと困難を宝に』全障研出版部、２０１４年。

(10) 問題行動を発達的に読み解くとは？

発達を学ぶと子どもが見えなくなるということを聞きますが、発達を学ぶことは、○歳の力を△歳に引き上げるというように、大人が子どもを思うように変えるための〝指導法〟を得ることではありません。これまで述べてきたように、障害によってその子の発達が阻まれている様々な原因を探り、そこに対応することによって、その子が発達する力を発揮しやすい環境を整えることなのです。発達はあくまで子ども自身がそれを望むことによって自ら獲得していくものであり、大人は育つ環境を整えることしかできません。しかし大人も子どもに近づく努力をすることで自らも学び発達しているのです。発達的な取り組みはつまり「育ち合う」関係づくりなのだといえます。だから、一人の発達を考えるとき、発達を個人内の問題だけに矮小化するのではなく、クラス集団や学校、地域など、その人のみならず、その人にかかわるすべての人が豊かに発達できる環境づくりへと視点を拡げて取り組むことが必要なのです。

「障害をもつ子どもに豊かな発達を保障したい」。そんな思いをもつ仲間と一人でも多く手をつなぎ、知恵を出し合い様々な課題に果敢に取り組んでいく中で、どこの地で生まれても豊かに生きることができる、そんなことがあたりまえに実現できる社会を築くことができるのではないかと思います。

「子どもの見る目の深さに応じてしか子どもは見えてきません」。その子に寄り添いたい気持ちを元に、子どもに近づく努力を日々重ねることで、いつしか子どもを主人公にして、その背中をそっと後押しできる力があなたにも育つのではないでしょうか。

あなたも全障研の活動の輪に入り、ともに学んでいきましょう。

執筆者紹介

松島 明日香（まつしま　あすか）
1980年生まれ、滋賀大学教育学部准教授

藤野 友紀（ふじの　ゆき）
1973年生まれ、札幌学院大学人文学部准教授

竹脇 真悟（たけわき　しんご）
1966年生まれ、埼玉県立宮代特別支援学校教諭

表紙イラスト　田中恵子

本書をお買い上げいただいた方で、視覚障害等により活字を読むことが困難な方のために、テキストデータを準備しています。ご希望の方は、全国障害者問題研究会出版部まで、お問い合わせください。

知ろう 語ろう 発達のこと

2016年 8 月 6 日　第 1 版第 1 刷発行
2022年 6 月20日　　　　第 4 刷発行

著　者－松島明日香・藤野友紀・竹脇真悟
企　画－NPO 法人発達保障研究センター
発行所－全国障害者問題研究会出版部
〒169-0051 東京都新宿区西早稲田2-15-10 西早稲田関口ビル 4 F
TEL.03-5285-2601　FAX.03-5285-2603　http://www.nginet.or.jp
印刷所－モリモト印刷株式会社

ISBN 978-4-88134-495-8